经世济民
诚信服务
德法兼修

"十四五"职业教育国家规划教材

高等职业教育在线开放课程
新形态一体化教材

高等职业教育商贸类专业群
市场营销专业新目录·新专标配套教材

市场营销策划

——理论、案例、实训

（第四版）

主　编　王丽丽

副主编　尹　璐　黄志勇

新目录
新专标

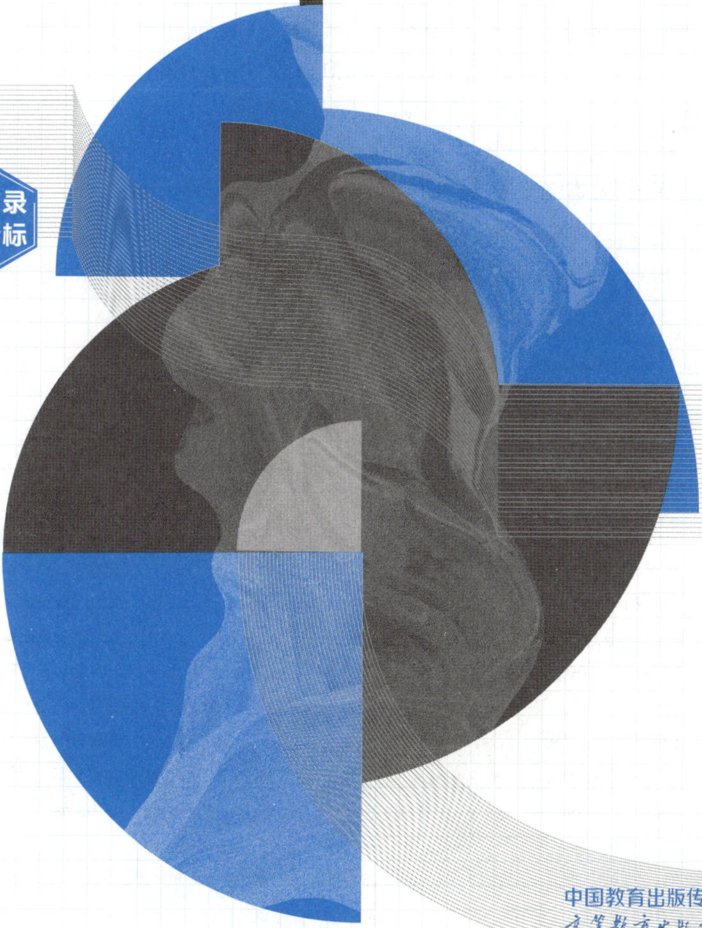

中国教育出版传媒集团
高等教育出版社·北京

内容提要

本书是“十四五”职业教育国家规划教材，也是高等职业教育商贸类专业群市场营销专业新目录·新专标配套教材。

本书以党的二十大和二十届三中全会精神为指导，深入学习贯彻习近平新时代中国特色社会主义思想，致力于实现价值引领、知识传授、素养培育、技能提升与策划创新的全面融合。本书精心设置了七个项目，包括走进市场营销策划、市场调研策划、市场细分与市场定位策划、产品与价格策划、促销策划、分销渠道策划和数字营销策划，紧跟数智时代营销策划的变革，深度融入人工智能、大数据、数字营销等前沿内容，精选兼具时效性与典型性的前沿热点案例，全面反映现代市场营销策划的新理论、新探索与新实践，培养学生的市场营销策划新思维、新技能。

教师如需获取本书授课用教学课件、习题答案等配套资源，请登录“高等教育出版社产品信息检索系统”(xuanshu.hep.com.cn)免费下载。

本书既可以作为高等职业教育专科、本科院校和应用型本科院校市场营销、网络营销与直播电商等专业及其他相关专业的教材，也可以作为行业企业市场营销策划相关工作人员、社会学习者的职业培训教材与参考读物。

图书在版编目（CIP）数据

市场营销策划 ： 理论、案例、实训 / 王丽丽主编 . 4 版 . -- 北京 ： 高等教育出版社， 2025.9. -- ISBN 978-7-04-065282-6

Ⅰ. F713.50

中国国家版本馆 CIP 数据核字第 20256PQ093 号

市场营销策划——理论、案例、实训（第四版）
SHICHANG YINGXIAO CEHUA

策划编辑 贾若曦　责任编辑 贾若曦　封面设计 贺雅馨　版式设计 童　丹
责任绘图 邓　超　责任校对 张　薇　责任印制 赵　佳

出版发行 高等教育出版社
社　　址 北京市西城区德外大街 4 号
邮政编码 100120
印　　刷 涿州市星河印刷有限公司
开　　本 787 mm× 1092 mm 1/16
印　　张 12.5
字　　数 220千字
购书热线 010-58581118
咨询电话 400-810-0598
网　　址 http://www.hep.edu.cn
　　　　 http://www.hep.com.cn
网上订购 http://www.hepmall.com.cn
　　　　 http://www.hepmall.com
　　　　 http://www.hepmall.cn
版　　次 2012 年 2 月第 1 版
　　　　 2025 年 9 月第 4 版
印　　次 2025 年 9 月第 1 次印刷
定　　价 45.00 元

物 料 号 65282-00

第四版
前言

数智浪潮席卷全球，市场营销策划领域正经历着前所未有的变革。中国的数字营销市场规模已达6 000亿元，其中约半数广告主企业在线上营销活动中应用了AIGC技术，移动营销、社交媒体营销、内容营销等细分领域都在迅猛增长。这表明，市场营销策划正在加速向数字化、智能化转型，对高技能人才培养提出了新的要求。

党的二十大报告明确提出，“加快发展数字经济，促进数字经济和实体经济深度融合”。本教材积极响应国家“加快建设数字中国”的战略部署，紧密贴合数字经济与新兴产业蓬勃发展的时代脉动，坚持立足国内、放眼全球的视角，精选新能源汽车、新文旅、新零售、新餐饮等行业领域的优秀策划案例与实践，充分展现了市场营销策划在推动行业创新和市场发展中的关键作用。同时，新版教材顺应职业教育改革新方向，服务于“三教”改革与“五金”建设，在突出科学性、实践性、应用性和前瞻性的基础上，形成以下三个鲜明特点。

1. 价值引领，课程思政深度融入，培育时代新人

本次修订以习近平新时代中国特色社会主义思想为指导，深入学习贯彻党的二十大和二十届三中全会精神，坚定不移地落实立德树人根本任务：通过构建素养、知识、技能三位一体的学习目标，深化育人特色；通过“策划谋略”“商道明灯”等栏目的创新设计，挖掘古今策划智慧，萃取行业经验，弘扬民族精神。本教材致力于扎根中国大地，讲好中国故事，彰显中国力量，坚定“四个自信”，培育学生的职业道德和社会责任感，助力培养数智化新时代有理想、有担当的社会主义建设者和接班人。

2. 内容升级，数智营销全面融合，反映行业新趋势

本教材紧随时代发展步伐，将项目七由“新媒体营销策划”升级为“数字营销策划”，覆盖数字营销策划的完整链条，并聚焦内容营销、社交媒体营销等热门领域的策划策略，进行深入剖析。全书增设“策划瞭望”栏目，全方位呈现行业的最新发展动态和前沿案例，包括AIGC技术在内容创作和消费者洞察中的应用，以及元宇宙营销、AR/VR等技术在策划领域的创新实践，旨在拓宽学生视野，同步跟进数智化时代市场营销策划的发展脉络，前瞻其未来趋势。

3. 体例创新，策划技能重点强化，提升实战新能力

为契合新时代职业教育的特点和需求，本教材在体例编排上进行了设计创新，紧密遵循学生从兴趣激发到难点攻克，再到技能强化、视野拓宽和知识内化的学习认知路径，通过精心设置的栏目提升学生的策划技能，增强其实战应用能力。本教材创设的栏目包括：

（1）策划谋略：通过富有启发性的商业谚语或俗语，为学生提供思考市场营销策划问题的新视角，培养他们的商业直觉和策划思维。

（2）引例启思：在每个项目开篇都精选热点案例，通过一个个鲜活的策划实例，激发学生对市场营销策划的思考和兴趣，引导他们探索引例背后的策略和逻辑。

（3）策划解码：深入剖析典型案例，帮助学生突破知识与技能难点，理解复杂概念，掌握市场营销策划的关键要素和执行细节。

（4）策划演练：设计具有挑战性的营销策划任务，鼓励学生开展小组合作，共同完成实训，将理论知识应用于实践，提高实际操作能力，增强团队协作精神。

（5）策划瞭望：介绍行业最新趋势和前沿案例，拓宽学生视野，引导学生关注行业动态，思考市场营销策划未来的发展方向。

（6）商道明灯：融入课程思政教育，通过案例和讨论，引导学生树立正确的职业道德观和社会责任感，使他们在专业领域精进的同时也能够具有良好的价值观念。

4. 资源丰富，教学方式灵活多样，满足个性化成长

本教材配备了类型多样的数字化教学资源，涵盖微课、视频、课件、习题及在线开放课程等，旨在为学习者构建一个灵活多样的学习生态系统，满足职业教育中不同学习者的个性化需求。这些资源与教材内容相互补充、深度融合，可有效服务于线上线下相结合的混合式教学。

本教材主编由首批国家级职业教育教师教学创新团队负责人、高级“双师型”教师王丽丽教授担任，副主编由尹璐和黄志勇担任，李玥参与了撰写修订工作。具体编写分工安排如下：项目一和项目五由王丽丽编写，项目二由李玥编写，项目三和项目四由黄志勇编写，项目六和项目七由尹璐编写。本教材大纲的总体设计和最后的统稿定稿工作由王丽丽完成。

本教材在编写过程中得到了相关行业企业、院校专家的指导和建议。在本教材的编辑出版过程中，高等教育出版社的编辑提出了许多建设性的意见和建议，同时，本教材编写团队参阅了国内外大量的图书、报刊及网站文献，在此一并表示感谢！由于市场营销策划领域发展快速，编者水平能力及时间有限，教材中难免会存在不足之处。我们诚挚地希望广大师生和业界同仁能够提出宝贵的意见和建议，以使本书日臻完善。

编者

2025 年 8 月

第一版
前言

市场营销策划是市场营销专业的核心课程。它是涉及哲学、数学、经济学、管理学、行为科学等多门学科的交叉学科，是现代企业市场营销的重要内容、关键环节和主要手段，被企业视为竞争取胜的法宝，在社会经济生活各个方面得到广泛应用。

随着经济全球化的发展，企业面对的竞争范围愈来愈广泛，竞争程度也愈来愈激烈。市场营销策划可以帮助企业及时、准确地了解、把握宏观环境和微观条件，针对变化的市场当机立断，谋求企业的生存与发展。

本书本着“理论、实务、案例、实训”四位一体的观点，以就业为导向，紧紧围绕21世纪高职高专教育新型人才培养目标，既向学生提供必要的市场营销策划基础知识，又着重于市场营销策划的方法、技巧及应用。本书不拘泥于理论的空洞说教，而是引入大量鲜活的案例，由实例引出理论，力求做到理论与应用并重，材料与论点新颖，语言文字通俗易懂，注重内容的科学性、创新性、职业性和可操作性。其特色具体如下：

（1）体例新颖。依照“理论讲透、实务足够、案例同步、实训到位”的原则，全面展现营销策划的内涵，注重学习目标、教学内容、章后习题、学习考核四者之间的内在统一。以“引例”导入本章情境，章内各教学环节都配有结构性例题，章末设有“本章小结”“主要概念和观念”“重点实务和操作”“习题和训练”等。

（2）全面培养。各章学习目标依照四大教学环节分别设计，即理论目标、实务目标、案例目标、实训目标，全面培养学生的专业能力与职业核心能力，并且通过践行职业道德规范。促进学生健全职业人格的塑造。

（3）方向感强。在“习题和训练”部分，包括理论自测题、实务自测题、单元案例、单元实训等内容。实训考核注重活动过程考核与实训课业考核相结合，有助于学生进行学习情况的自我检测，确立职业方向。

全书共分八章，其中：第1章、第2章为市场营销策划导论，概述了市场营销策划的含义、原则、分类、方法、流程与文案的撰写等：第3章、第4章为市场营销战略策划，介绍了企业制定营销战略的流程、企业使命与远景、企业经营基本战略、市场机会、市场细分、目标市场选择与市场竞争策划：第5章至第8章为市场营销战术策划，阐述了产品策划、价格策划、促销策划、分销渠道策划。

建议使用本书的教师和学生，先学习本书附录一所提供的“考核手册”的内容和使用方法，再根据理论、实务、案例、实训四大教学环节分别设计教学内容，摒弃传统考核方式。在实训考核中，活动过程考核与实训课业考核应相互结合，根据学生参与实训全过程的表现，针对其职业核心能力培养与职业道德素质养成的训练效果，评出个人分项成绩与总成绩，并填写教师评语，注重考核过程的全面性、客观性，使学生真正提高职业能力，成为企业需要的“零适应期”市场营销策划专业人才。

本书强调实用性和可操作性，可作为高职高专院校市场营销专业及相关专业的教材，也可供在职人员培训使用。

在本书编写过程中，得到了方光罗院长和许景行教授的细心指导，得到了河南经贸职业学院领导的大力支持，在此表示诚挚谢意，并对所参阅的许多专著和教材的作者，一并致以深深的谢意！

由于编者水平有限，书中难免有疏漏、不妥之处，敬请专家、读者和同仁批评指正。

编者

2010 年 5 月

目录

项目六 分销渠道策划 /125

项目七 数字营销策划 /155

参考文献 /188

项目一

走进市场营销策划

学习目标

// 素养目标 //

- 树立社会主义核心价值观
- 自觉践行实事求是、诚信经营的职业道德理念
- 树牢积极主动的服务意识，培养爱岗敬业的职业精神

// 知识目标 //

- 掌握市场营销策划的含义和特点
- 了解市场营销策划分类
- 熟悉市场营销策划专业模型与逻辑思考模型

// 技能目标 //

- 能够依据科学方法辨析市场营销策划类别
- 能够依据企业实际状况确定市场营销策划目标
- 能够辨识市场营销策划书是否符合市场营销策划目标
- 能够灵活使用多种信息工具，高效处理营销策划书中的文字和图表

// 策划谋略 //

- 谋定后动，守正出奇

思维导图

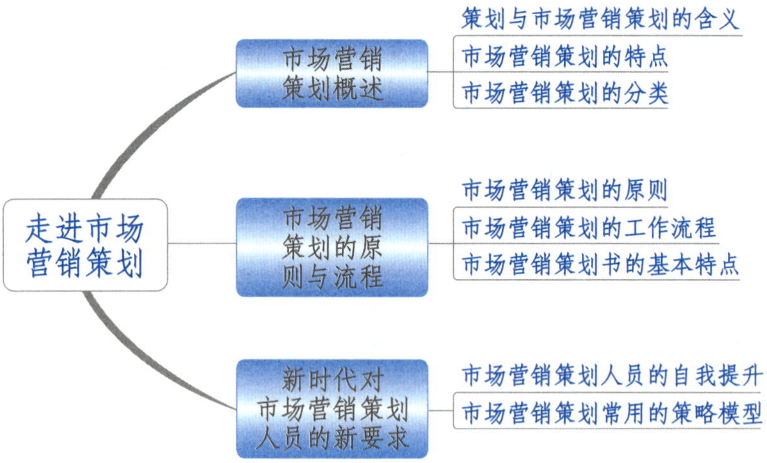

引例启思

数字浪潮下的市场营销策划革命

当清晨的第一缕阳光透过深圳前海的玻璃幕墙，腾讯智慧零售实验室的大屏幕上，千万级消费者的实时画像正随着鼠标点击而不断刷新——这是数字经济时代中国企业市场营销策划的日常。在商业新蓝海中，一场由人工智能驱动的营销变革正在重新定义“市场营销策划”的内涵。

2024 年“双 11”期间，阿里巴巴“生意参谋”AI 决策系统创造了新成绩：通过分析 12 亿消费者近 3 年的行为数据，其智能选品模型将某国货美妆品牌的新品试错成本降低 72%，同时借助多模态交互技术，让虚拟主播在淘宝直播间实现“千人千面”的话术推荐，单场直播 GMV 突破 5.8 亿元。这背后，是达摩院研发的深度学习算法对传统 4P 理论的重构——当 AI 能够精准预测消费趋势、自动生成营销文案，甚至模拟不同场景下的价格弹性时，市场营销策划正从经验驱动转向算力驱动。

海尔智家的“智家大脑”不仅是智能家居的控制中枢，更承载着“以用户为中心”的营销理念：AI 客服系统通过情感分析技术，在识别到老年用户咨询时，会自动切换至“银发模式”，提供语速放缓的语音引导与大字体界面，这种技术温度让其在适老化改造市场的占有率半年内提升 41%。

比亚迪的 AI 营销云平台不仅整合了全球 180 个国家的政策数据、能源价格与用户驾驶习惯，更通过知识图谱技术构建了“碳中和营销模型”——当系统监测到某市场碳关税政策调整时，会自动生成“低碳出行解决方案”营销包，同步联动当地经销商开展充电桩布局的 O2O 活动。这种将国家战略、技术创新与商业逻辑深度融合的策划思维，让比亚迪 2024 年海外销量同比增长 217%。

随着大数据、物联网、云计算、5G、人工智能等科技手段的迅猛发展，市场营销策划也正在经历着时代发展带来的深刻变革。数字经济时代的市场营销策划人员，既需要掌握人工智能数据中台的搭建逻辑，又要具备“科技向善”的价值判断；既要理解算法推荐的技术原理，更要洞察“人民对美好生活的向往”这一根本需求，让技术赋能的策划活动真正成为连接企业价值与社会价值的桥梁。

1.1 市场营销策划概述

1.1.1 策划与市场营销策划的含义

1. 策划的含义

策划是指为了实现特定的目标，针对存在的问题提出的解决对策，通过制定具体可行的方案，达到预期效果的一种综合性创新活动。策划最大的特点是通过创造性的思维整合来聚集资源，以实现扩大资源占有、使用和效能的目的。因此，策划必须具有前瞻性。策划人员要对未来一段时间内即将发生的事情作出判断，找出影响事物发展的主客观因素和因果关系，制定出可供选择的对策，以此作为当前决策的依据。即策划是事先决定做什么、如何做、何时做、由谁来做的系统方案。它虽与计划有相似之处，但两者并不相同，关键的区别点在于策划的创新。一般是先策划，提出创意，再有规划和计划。策划与计划的具体区别参见表 1–1。

表 1–1 策划与计划的区别

项目	内容	范围	作用	创新性	开放性	灵活性	挑战性
策划	做什么	无限制	掌握原则与方向	必须有	较大	较大	较大
计划	怎么做	有限制	处理程序与细节	不一定	较小	较小	较小

市场营销策划含义和发展

2. 市场营销策划的含义

市场营销策划是策划的一个分支，是指企业为实现某一营销目标或解决营销活动中遇到的问题，在对内外部环境进行全面分析的基础上，有效地调动企业的各种资源，对一定时间内的营销活动进行创新策略设计。它主要包括市场营销目标制定、市场机会分析、市场定位策划、营销战略及策略设计等内容。

简单地说，市场营销策划就是在市场营销活动中，为某一企业、品牌、商品或活动所作出的策略谋划和设计。市场营销策划的内涵应该包括三个方面的基本内容：其一，市场营销策划的对象既可以是某一个企业整体，也可以是某一种（项）商品和服务，还可以是一次活动。其二，市场营销策划需要设计和采用一系列谋划，并作出精心的安排，以保证一系列计划的运用成功。其三，对未来所做之事的创造性设计。

1.1.2 市场营销策划的要素

1. 目标性

市场营销策划是围绕解决企业的某一问题、达成某一目标而进行的活动，因此，它具有较强的导向性和目的性。制定策划目标时，一要明确目标的焦点，使之明确化、具体化、数量化；二要对长期目标进行分解，制定出阶段性的短期目标，并保持各阶段短期目标之间的持续性和协调性；三是目标的价值性，即市场营销策划确定的目标对企业的管理人员和员工是有意义、有价值的，与他们的切身利益息息相关，以获得他们的认可、支持和配合，充分调动他们的积极性。

2. 创意性

创意是与众不同、新奇而富有魅力的构思和设想。市场营销策划的关键是创意，因为创意是市场营销策划的核心和灵魂，所以，创意是市场营销策划的第一要素。

在企业市场营销策划实践中，创意并不是高深莫测、难以捕捉的。市场营销策划人员的创意主要来自三个方面：一是市场营销策划经验的积累，只有长期积累有关事物的信息并重视对其中重要信息的加工，才有灵感的爆发、火花的闪现和创意的获得；二是思路开阔，能够充分发挥自己的想象力和创造力，使创意的立意具有一定的高度，并且视角独特；三是思维方式独特，能够出新、出奇。市场营销策划人员必须打破常规思维习惯和思维定式，在一定条件下采用逆向思维、立体思维、发散思维、交叉思维，谋取市场营销策划的成功。

3. 可行性

市场营销策划不仅要有明确的目标、新颖的创意，还要具有很强的可行性，在企业能够实施，易于实施。具体分析，一是指在企业现有的人、财、物等有形资源和信息、商誉、品牌等无形资源与条件下具有可实现性；二是指考虑到外部环境的制约及内部环境与外部环境的冲突切实可行；三是指有具体的、清晰的行动方案，使策划的参与者能懂得规则，遵循规则。

1.1.3 市场营销策划的分类

市场营销策划的分类标准主要有以下四种。

1. 按策划的对象划分

按策划的对象进行划分，市场营销策划可分为企业策划、商品策划和服务策划。企业策划是对企业整体所进行的策划，其主要目的在于树立良好的企业形象。商品策划是对商品的开发和销售所进行的策划，其主要目的在于推出新商品和扩大销路。服务策划是为更好地满足顾客需要而进行的策划，其主要目的在于提高信誉。

2. 按企业开拓市场的过程划分

按企业开拓市场的过程进行划分，市场营销策划可分为市场选择策划、市场进入策划、市场渗透策划、市场扩展策划、市场对抗策划、市场防守策划、市场撤退策划。

3. 按市场营销过程划分

按市场营销过程进行划分，市场营销策划可分为目标市场策划、产品策划、价格策划、促销策划、分销渠道策划。

目标市场策划是企业在完成市场细分、确立目标市场应考虑的因素后，选定目标市场、确定企业目标市场策略的活动；产品策划是企业从产品的开发、上市、销售到退市的全过程进行的规划与设计的活动；价格策划是企业产品在进入市场的过程中，利用价格因素争取目标市场，进而渗透甚至占领目标市场，以及为达到营销目标而制定相应的价格策略的一系列活动；促销策划是将人员促销、广告促销、公共关系和营业推广等形式有机结合，综合运用，最终形成一套整体促销方案的活动。分销渠道策划是在企业产品由生产地向销售地运动的过程中，对于产品经历的方式、方法和路线的策划。

4. 按市场营销的不同层次划分

按市场营销的不同层次进行划分，市场营销策划可分为市场营销战略策划和市场营销战术策划。

（1）市场营销战略策划。战略系军事术语，原指军事作战的谋略。将战略的思想运用于企业的经营管理中，便产生了企业战略。市场营销战略策划是依据企业战略的要求与规范确定市场营销的目标、途径与手段，并通过市场营销目标的实现支持和服务企业战略，它是企业战略体系的核心，主要包括市场定位策划、目标市场策划、市场竞争策划等内容。

（2）市场营销战术策划。市场营销战术策划就是以营销战术设计的思路和方向，综合运用各种市场营销手段进入和占领目标市场，从而实现企业战略。与市场营销战略策划相比较，市场营销战术策划是短期的、局部的、个别的、具体的，其内容包括产品策划、价格策划、渠道策划、促销策划等。

考虑到市场营销策划的普适性和运用场景，本教材以第三种划分方法为主，兼顾其他的一些划分方法。

【策划瞭望】

市场营销策划要与 AI 共生

在数字化浪潮中，市场营销策划正与人工智能生成内容（AIGC）深度融合，开启全新的发展篇章。AIGC 为市场营销策划注入强大动力，重塑着市场营销策划的各个环节。

内容创作方面，AIGC 展现出巨大优势。它能依据品牌调性和营销目标，迅速生成文案、图片、视频等各类营销素材。以文案写作为例，输入相关指令，AI 便能创作出风格各异的广告文案、产品描述等，不仅节省时间，还能提供新颖的创意视角。很多电商平台已普遍利用 AI 生成商品详情页文案，大大提高了内容创作与促销推广效率。

在客户互动环节，智能聊天机器人可实现 24 小时在线服务，及时响应客户咨询，解答疑问，提升客户体验。它们能理解客户意图，提供个性化的回复，增强客户与品牌的黏性。而且，AI 还能根据客户历史数据进行精准营销推荐，将合适的产品或服务推送给目标客户，提高营销转化率。

随着技术的不断发展，市场营销策划与 AI 的共生关系将愈发紧密。未来，AI 有望实现更精准的个性化营销，根据每个消费者的独特特征定制营销方案。同时，AIGC 生成的内容质量和创意性也将持续提升，与人类营销策划者的协同更加默契，共同推动市场营销行业迈向新的高度，创造更多商业价值。

1.2 市场营销策划的原则与流程

市场营销策划不仅是当代企业在迅速变化的市场环境和日趋激烈的竞争中求生存、求发展的管理利器，而且已逐渐成为新生代的一种核心思维方式，被视为在市场竞争中取胜的法宝和企业经营活动的高招，在社会经济生活的各个方面已得到广泛应用。

1.2.1 市场营销策划的原则

1．创新原则

作为企业营销活动的核心工作，市场营销策划是一个创造性的思维活动过程，它不仅是一门科学，也是一门艺术，需要丰富的实战经验和对工作的深刻感悟，以创造性的新思路、新创意、新策划取胜。如果市场营销策划依靠鹦鹉学舌的方法，照搬、模仿、抄袭别人的策划方案，就无法实现真正意义上的成功。

《孙子兵法》中的“兵无常势，水无常形”道出了市场营销策划的精髓。策划者应运用创造性的思维，善于依据客观变化着的条件来努力创新，不能因循守旧，抱残守缺。即使是他人已经获得成功的模式，也不能生搬硬套。必须不断地创造新的方法，通过别具一格、与众不同的方法吸引人、打动人，从而取得既定的成效，实现市场营销策划的目标。

市场营销策划的核心内容要求策划的创意语言新、表现手法新，给人以全新的创意。创意语言新，是指要注意从生活中提炼名言警句，使广告词既幽默又有哲理，富含人情味。表现手法新，是指要有新的艺术构思、格调和形式。例如，从传播的角度来讲，创新性的“概念”设计，只有通俗易懂才能最大限度地降低传播成本，在众多的传播媒体中引起消费者关注，产生和消费者真正意义上的深层次沟通。

2．系统性原则

企业市场营销策划是一个系统工程，其系统性具体表现为两点：一是市场营销策划工作是企业全部经营活动的一部分，它的完成依赖企业其他部门的支持和合作，如产品质量、产品款式、货款收回等，就分别需要生产部门、设计部门、财务部门的配合。二是进行市场营销策划时要系统地分析诸多因素的影响，如宏观环境因素、竞争情况、消费需求、本企业产品及市场情况等，将这些因素中有利的一面最大限度地利用起来，为企业营销策划服务。

坚持系统性原则，就是要把市场营销策划作为一个整体来考察，对整体与部分之间的相互依赖、相互制约的关系，进行系统综合分析，选择最优方案，以实现企业追求的目标。

开展市场营销策划工作，必须强调市场营销策划活动的整体性、全局性和效益性。如果企业只是依靠一两个灵光突现的点子，没有系统的配套措施，对企业的发展是有害无益的。只有把企业系统作为一个有机整体，才能通过市场营销策划工作，实现整体功效大于部分之和的目的，发挥各要素简单相加实现不了的功能和作用。这就要求对系统中各个部分的策略做统筹安排，并且要与外部环境协调起来，例如，做好资源整合、各部分有效组合等工作，确定最优目标。

因此，市场营销策划并不是单纯的广告或销售活动，它是一项系统工程。市场营销策划中的每个组成部分都需要有机地配合，充分发挥作用，任何一个部分都不可缺少或削弱。否则，市场营销策划就难以获得成功。

【策划解码】

传音全方位锁位非洲新兴市场

背景与情境：随着非洲手机销量提升，智能音箱、智能手环、移动电源、蓝牙耳机等新兴消费电子产品的市场需求也开始增长。据此，传音开始向其他电子产品领域进军。

2014 年，传音创立了 3C 产品配件品牌 Oraimo，2023 年其蓝牙耳机的销量在非洲所有品牌中排名第一位，市场占有率超过 30%。2015 年，传音又创立了家电品牌 Syinix，其产品包括电视、空调、冰箱、洗衣机、音响、微波炉、榨汁机等各类常用电器与小家电。此外，传音还推出了一系列契合非洲本土需求的 App，包括：“非洲版网易云音乐”Boomplay，该 App 中的音乐大都是来自非洲本土的音乐人，该 App 的使用率已是非洲手机音乐与音频应用第一位；“非洲版今日头条”Scooper，是非洲法语区、英语区、阿拉伯语区国家排名前三位的资讯类 App；“非洲版抖音”Vskit，在南撒哈拉地区异常火爆，深受非洲年轻人的喜爱。

问题：传音在非洲手机市场占据优势后，为何发展多品牌的产品策略?

分析提示：“非洲机王”传音参考中国电子产品发展的历程，在手机销量占据非洲市场第一位之后，果断向其他电子产品领域进军。从手机到家电、从硬件到软件，传音通过多品牌策略，逐渐打造电子产品生态体系，全方位发掘非洲新兴市场的发展红利。

3. 人本原则

人本原则是指市场营销策划以人力资源为本，通过发掘人的积极性和创造性，为企业发展提供动力与保障。其中，人力资源既包括企业内部的管理者与员工，也包括广大的消费者。既要调动与激发企业内部人员的积极性和创造性，也要实现企业行为与消费者利益的有机结合，体现“以消费者为中心”的思想；还要保障企业发展与社会发展相协调，保护环境生态，保持社会的可持续发展。

4. 效益原则

效益原则是指在市场营销策划活动中，要以成本控制为核心，获取企业行为与策划行为两方面的经济效益与社会效益。

市场营销策划的终极目标是通过策划活动取得良好的效益，包括经济效益和社会效益。企业之所以开展市场营销策划活动，均是有特定目的的，无论是要降低成本，还是要提高市场占有率，或者是为了树立良好的企业形象，无一不是为了达到提高效益的目的。

1.2.2 市场营销策划的工作流程

市场营销策划的工作流程包括四个阶段、十五项工作。

1. 第一阶段：研究市场和业务

（1）梳理需求和目标。企业在发展过程中，总是会遇到各种各样的问题，在开展市场营销策划工作之前，要先与需求方进行充分沟通，了解市场营销策划方案的目的是什么、要解决哪方面的问题。只有充分理解需求和目标，才能不背离市场营销策划的正确方向。

（2）市场调研。用户的需求有哪些，还有哪些需求未得到满足，老用户对企业的评价如何，潜在用户如何认知企业的产品和品牌。

（3）SWOT 分析。根据市场调研的结果，对企业内外部竞争环境和条件进行分析，主要包括优势（S）、劣势（W）、机会（O）、威胁（T）四个部分。SWOT 分析可以帮助企业做好市场营销策划准备。

（4）整理资料，梳理线索。在营销策划工作中，为了弄清楚策划项目的整体情况，需要收集和整理大量的资料。例如，制定一份品牌定位方案，通常需要较多的资料，包括市场环境和趋势、政策方向、社会文化背景、本企业品牌和产品的介绍、竞争对手的品牌和产品、竞争对手的市场策略、消费者行为、消费者对品牌的认知等。

在短时间内收集尽可能全面的资料，同时，还要理解消化这些资料，从中梳理出重要线索。例如，收集到消费者的资料后，需要根据其各种属性和行为特征等，整理出立体的消费者画像。

2. 第二阶段：制定营销策划策略

（1）界定核心问题。如果企业能够准确提出自己面临的问题，这些问题便已解决了一半。核心问题的提出，可从以下几个角度去思考：是否顺应了市场大环境和主流的社会文化；品牌传递的理念、产品满足的价值的方向是否正确；跟竞争对手相比，企业是否具备相对优势或独特性；对目标消费者的定义是否准确，还有哪些潜在的消费群体等。

（2）提出策划方案。策划人可以使用一些成熟的方法论来解决营销问题，提出策划方案。在工作和学习过程中，要不断地总结思考，建立适合自己的营销模型、思考模型和做事模型。

【策划解码】

喜茶的 POEM 营销模型

背景与情境：喜茶的 POEM 营销模型，由个人感知（Prior）、他人口碑（Others）、外部环境（Environment）、企业营销（Marketing）四个版块组成，如图 1-1 所示。

个人感知可用 4P 来诠释，优质产品是最好的营销手段，用户会基于价格、购买渠道和促销活动对品牌和产品形成个人感知。

他人口碑是影响购买决策最重要的因素之一，在社交媒体上查看其他用户的口碑评价，已经变成购买商品的必要步骤。

外部环境包括社会环境和行业环境，社会环境和行业环境的发展变化直接影响产品开发、销售渠道选择、市场营销策略选取等。

企业营销是隐性的推手，企业应在社交媒体上与用户互动，展现亲和力，利用官方视频为企业做信任度背书，通过跨界宣传提升美誉度。

问题：喜茶的 POEM 营销模型发挥了什么作用?

分析提示：基于这样一套模型，喜茶的营销就有了行动的方向和准则，并有条不紊地执行落地。

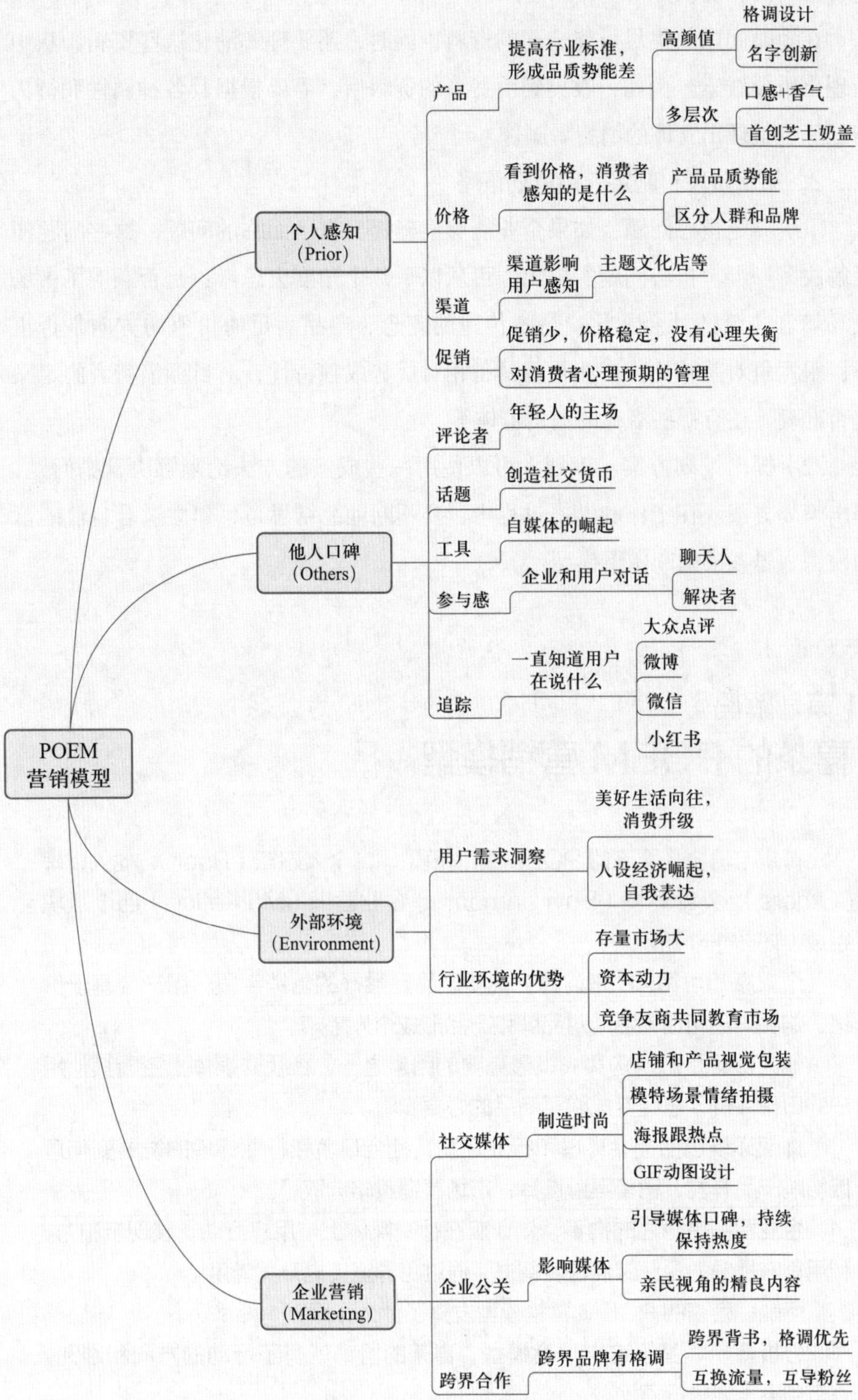

图 1-1　POEM 营销模型

（3）评估策划方案。市场营销策划方案虽难以做到尽善尽美，但可以通过两种常用的评估方法进行评估，即象限评估法和场景优先级评估法。

① 象限评估法是在纸上画出一个四象限，横轴代表可行性，纵轴代表解决效果，把每个解决方案放到四象限中相对应的位置，孰优孰劣会变得一目了然。

② 场景优先级评估法可以从用户视角和业务视角对市场营销策划方案进行更加全面地考虑。用户需求、使用频次、产品体验等属于用户视角，技术的可行性、竞争优势、市场规模、商业成效等则属于业务视角。

（4）设立考核指标。常见的考核指标分为品牌指标和效果指标两种，品牌指标包括曝光度、互动参与、网上流量、品牌知名度、品牌忠诚度等，效果指标主要有下载注册量、潜在用户量、销量、订单转化率等。根据不同的项目和要求，可选择不同的指标组成考核指标。

3. 第三阶段：落地执行计划

（1）细化执行计划。市场营销策划方案的制定只是迈向成功的第一步，在此基础上，提出可落地的执行计划才是重中之重。在一份完整的市场营销策划方案中，落地执行计划通常包括内容创意产出、活动宣传、媒体投放计划、运营转化承接、社交传播、公关宣传等，涉及的专业知识和技能领域非常多，需要协调相关部门的人力和资源，共同进行市场营销策划方案的补充和完善，使其更具有可操作性。

（2）制订应急预案。策划方案在执行的过程中，受诸多客观因素的影响，难免发生一些意外情况。制订应急预案，事先应充分考虑可能出现的各种困难，防患于未然是保证策划方案顺利执行的前提。

（3）跟进执行过程。策划方案执行过程中，需要策划人的参与，确保执行者落实到位，同时，还要注意一线执行体验，否则容易导致纸上谈兵。

4. 第四阶段：复盘与总结

复盘是对市场营销策划方案的执行过程进行回顾、反思和研究，从而在未来得到改进和优化。这是非常重要的一个环节。企业可以趋利避害，总结有价值的经验，从而把市场营销策划方案做得更好，提高效率，节约成本。对个人而言，复盘是个人快速成长最有效的方式之一，把整个过程系统性地梳理一遍，是一种刻意练习，能够提高个人的思考能力。

（1）回顾目标。目标是衡量市场营销策划方案要做什么，要实现怎样的结果。对目标既要有定性的简洁描述，也要有定量描述。

（2）评估结果。对照设定的目标要评估完成情况如何，同时，要梳理执行过程中存在的亮点和不足。

（3）分析原因。仔细分析项目成功或失败的关键因素，通常分为主观因素和客观因素。

（4）总结经验。根据分析原因，总结出一些重要结论或规律，下一步的计划有哪些，以及如何改进和优化市场营销策划工作。

1.2.3 市场营销策划书的基本特点

成功的市场营销策划书具有六大特点，包括：①通过粗略阅读就能了解策划的大致内容；②使用浅显易懂的语言，充分体现委托方的利益和要求；③与同类策划书相比，展现的内容有相当明显的差异性与优越性；④图文并茂，加强策划书的表现效果；⑤全文条理清晰，逻辑分明，令阅读者看完策划书后，能够按照策划书的内容有计划、有步骤地执行下去；⑥能够充分体现企业的勃勃生机和企业的基本特征。

1. 市场营销策划书撰写的原则

为了提高市场营销策划书撰写的准确性与科学性，首先应该把握其编制的几个主要原则：

（1）逻辑思维原则。策划的目的在于解决企业营销中的问题，应按照逻辑思维的结构来编制策划书。

（2）简洁朴实原则。要注意突出重点，抓住企业营销中所要解决的核心问题，对其进行深入分析，提高可行性和针对性，使其具有实际操作指导意义。

（3）可操作原则。编制的策划书是要用于指导营销活动，其指导性涉及营销活动中的每个人的工作及各环节关系的处理。因此，其可操作性非常重要。

（4）创意新颖原则。要求策划的创意新、内容新、表现手法新，给人以全新的感受。新颖的创意是策划书的核心。

2. 市场营销策划书的结构与内容

策划书没有一成不变的格式，它依据产品或营销活动的不同要求，在策划的内容与编制格式上也有变化。但是，从营销策划活动一般规律来看，其中有些要素是共同的。市场营销策划书的基本结构可包括以下十项。

（1）封面。策划书的封面可提供以下信息：策划书的名称；委托策划的客户；策划机构或策划人的名称；策划完成日期及策划适用时间段；编号。

（2）前言。前言或序言是策划书正式内容前的情况说明部分，内容应简明扼要，最多不要超过 500 字，让人一目了然。其内容主要是接受委托的情况、本次策划的重要性与必要性、策划的概况，即策划的过程及要达到的目的。

（3）目录。目录的内容也是策划书的重要部分。目录务必让人读后了解策划的全貌。目录具有与标题相同的作用，同时应使阅读者能方便地查寻市场营销策划书的内容。

（4）概要提示。阅读者应能够通过概要提示大致理解策划内容的要点。概要提示的撰写同样要求简明扼要，篇幅不能过长，一般控制在一页纸内。另外，概要提示不是简单地把策划内容予以列举，而是要单独成段，因此，对其遣词造句等都要仔细斟酌，要呈现“一滴水见大海”的效果。

（5）正文。正文是市场营销策划书中最重要的部分，具体包括以下内容：

① 市场营销策划的目的。此部分主要是对营销策划所要实现的目标进行全面描述，它是营销策划活动的原因和动力。

② 市场状况分析。包括宏观环境分析、产品分析、竞争者分析、消费者分析，这是在市场调研取得第一手资料的基础上进行的。

③ 市场机会与问题分析。市场营销方案是对市场机会的把握和策略的运用，因此，分析市场机会就成为市场营销策划的关键。只要找准了市场机会，策划就成功了一半。问题分析主要包括营销现状分析，即对企业产品的现行营销状况进行具体分析，找出营销中存在的具体问题点，并深入分析其原因；进行市场机会分析，可根据前面提出的问题，分析企业及产品在市场中的机会，为营销方案的出台做准备。

④ 确定具体营销方案。针对营销中问题点和机会点的分析，提出达到营销目标的具体营销方案。营销方案主要由市场定位和 4P 组合两部分组成，具体解决两个主要问题：一是本产品的市场定位是什么；二是本产品的 4P 组合具体是怎样的，具体的产品方案、价格方案、分销方案和促销方案是怎样的。

（6）预算。这一部分涉及整个营销方案推进过程中的费用投入，包括营销过程中的总费用、阶段性费用、项目费用等，其原则是以较少投入获得最优效果。用列表的方法标出营销费用也是经常被运用的，其优点是醒目易读。

（7）进度表。把策划活动的全部过程拟成时间表，具体到何日何时、要做什么，都标注清楚，以此作为控制与检查的依据。进度表应尽量简化，在一张纸上拟出。

（8）人员分配及场地。此项内容应说明具体市场营销策划活动中各个工作人员负责的具体事项，以及所需物品和场地的落实情况。

（9）结束语。结束语在整个策划书中主要起到与前言呼应的作用，使策划书有一个圆满的结束，以免使阅读者感到太突然。

（10）附录。附录的作用在于为策划提供客观性证明。因此，凡是有助于阅读者对策划内容理解、信任的资料都可以考虑列入附录。但是，可列可不列的资料还是以不列为宜，这样可以更加突出重点。附录的另一种形式是提供原始资料，如消费者问卷的样本、座谈会原始照片等图像资料。附录也要标明顺序，以便阅读者查找。

结构框架合理的营销策划书，一般可以由以下九部分构成，参见图 1–2。

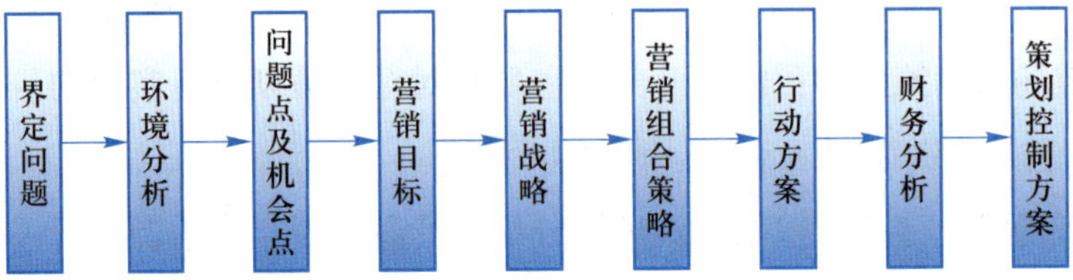

图 1–2　营销策划书框架图

1.3 新时代对市场营销策划人员的新要求

1.3.1　市场营销策划人员的自我提升

市场营销策划人员输出的是谋略、是解决方案，只有充分保证输入（学习），才能获得高质量的智力成果输出。因此，注重在工作和生活中不断积累和提升，对市场营销策划人员来说尤为重要。

1. 成长力

保持强烈的好奇心和热情，是市场营销策划人员必备的先决条件。现代社会日新月异，每个人都要拥有这种成长力，培养成长型思维，随时根据环境的变化来更新自身的知识体系。

2. 学习力

知识既是一切智慧的源泉，也是信息输出的基础。数字时代学习变得碎片化，在时间充裕的情况下，阅读、参加线下培训等这些传统的学习模式则可使自己的知识体系更加扎实，更易于形成自己的知识体系。

3. 思考力

只有深度思考，才能具有出乎寻常的洞察能力。一位著名的市场营销策划人员曾说："别看我输出的只是简单的几行字，你买到的却是我看过的每一本书、去过的每一个城市、接触过的每一个人、经历过的每一件事。"在积累阅历的基础上，还需要培养思考力和总结力，形成独到的见识。

4. 借鉴力

三人行必有我师，在每个人所处的社交关系中，总有自己值得学习的人，多交流、多借鉴，可以不断提高自身的认知阈值，突破认知茧房。

5. 复盘力

实际工作中，复盘能加快个人成长。从自我成长和能力提升方面来看，复盘的作用尤为重要，它是一个绝佳的自我审视机会，可以让市场营销策划人员成功汲取策划方案中的经验。

【策划瞭望】

学会使用 AI 工具

在给 AI 工具布置一项任务的时候，它会按照它的理解去执行，结果各异，甚至有可能完全不是我们想要的。因此，学会向 AI 工具正确地提问，才能让 AI 工具更好地按照预设的方向去执行。

为了能够从 AI 工具中得到满意的内容，现已出现了一种新兴的职业，即"AI 提示词工程师"，其主要工作就是用专业的提问方式，让 AI 工具更好地理解需求，并且按照提问者想要的思路和方式去回答问题或执行任务。

因此，驾驭 AI 工具的核心，是正确使用提示词。可以按照下列步骤尝试，让 AI 工具成为得力的策划助手。

（1）身份设定：让 AI 工具扮演特定的角色，从该角色的视角来回答问题。

（2）告知背景：描述面临的现状、问题及背景。

（3）分配任务：明确具体需要做什么事情，限定生成的主要内容。

（4）注意事项：还要补充对任务有哪些细节和关键词要求，对生成内容的形式有什么要求。

1.3.2 市场营销策划常用的策略模型

在开展市场营销策划的过程中，只有遵循一定的思考顺序和规律，才能把事情梳理清楚，有方向地向前推进。市场营销策划人员依靠相应的策略模型，即可从容应对。在实际开展市场营销策划工作时，经常使用的策略模型是较为丰富的，下面重点介绍“波特五力竞争”和“5A 用户行为路径”两个市场营销策划专业模型，以及“SCQA 结构表达”和“SMART 目标管理”两个逻辑思考模型。

1. 营销策划专业模型

（1）“波特五力竞争”模型。这个模型是迈克尔·波特提出来的，在全球范围内对企业战略制定有着深远的影响，常用于竞争战略分析，以详细了解市场竞争情况。它把竞争力量分为“进入者威胁、替代品威胁、买方议价能力、卖方议价能力、竞争对手的竞争程度”五种。

这五种竞争力量构成了行业的竞争结构，如果这五种竞争力量都非常强大，那将因为竞争过于激烈而很难吸引新的企业进入；一个有吸引力的行业应该具备很好的盈利潜力。

（2）“5A 用户行为路径”营销模型。这个模型是菲利普·科特勒提出来的新型营销理论，5A 分别是指认知（Aware）、吸引（Appeal）、询问（Ask）、行动（Act）和拥护（Advocate）。它真实地反映了用户的购买过程，企业可以借此通过全链路、分场景的营销效果追踪，有针对性地在各个环节优化营销行为。

2. 逻辑思考模型

（1）SCQA 模型。该模型可用于方案、文案、广告、演讲、写作等方面。它包含四个部分：情景（Situation）——由熟悉的情境或事实引入；冲突（Complication）——指出实际面临的困境或冲突；疑问（Question）——如何分析这个问题；回答（Answer）——如何解决这个问题。

（2）SMART 目标管理模型。该模型由五个要素构成，它们分别是具体的（Specific），可测量的（Measurable），可实现的（Attainable），相关的（Relevant），和有时间限制的（Time-bound）。它能够帮助员工更加高效地工作，因为管理者设定什么，检测什么，员工就会努力达成什么目标；也能够为管理者对员工进行绩效考核提供考核标准，使考核更加科学化、规范化，从而保证绩效考核更加公正、公开与公平。

【商道明灯】

品牌出海

背景与情境：在全球化新机遇与挑战形势下，政策、经济形势和消费者需求推动中国品牌积极参与全球市场竞争。中国品牌出海涵盖时尚服饰、消费电子、智能家电、新能源汽车等领域，实现了从价格优势到品牌影响力的提升。

问题：试分析中国品牌出海的影响。

分析提示：中国品牌出海，是繁荣 21 世纪海上丝绸之路的重要举措，是深化改革、产业升级的强大推动力。在为“一带一路”共建国家的经济和人民生活质量带来改变的同时，中国品牌出海也促进了这些国家的经济发展与共同富强，不仅保证了中国的国际战略安全，而且让这些国家和中国可以互惠互利，实现共赢。

学习训练

▲ 单选题

1. 在市场营销活动中，为某一企业、某一商品或某一活动所作出的策略谋划和设计，是（　　）。

A. 策划　　B. 市场营销策划

C. 市场营销策划的方法　　D. 市场营销策划的方案

2.（　　）是市场营销策划的第一要素。

A. 目标性　　B. 创新性

C. 可行性　　D. 效益性

3.（　　）是依据企业战略的要求与规范制定市场营销的目标、途径与手段，并通过市场营销目标的实现支持和服务于企业的战略，是企业战略体系的核心，包括市场定位策划、目标市场策划、市场竞争策划等内容。

A. 市场营销战略策划　　B. 市场营销战术策划

C. 市场进入策划　　D. 市场撤退策划

4. 市场营销策划人员的自我提升不包括（　　）。

A. 成长力和学习力的提升　　B. 借鉴力的提升

C. 思考力和复盘力的提升　　D. 沟通力的提升

5. 在“5A 用户行为路径”营销模型中，5A 分别代表了（　　）。

A. 认知、吸引、询问、行动和拥护

B. 认知、行动、询问、吸引和拥护

C. 吸引、认知、询问、行动和拥护

D. 吸引、询问、行动、认知和拥护

▲ 多选题

1. 市场营销策划的要素应包括（　　　　）。

A. 目标性　　B. 创意性

C. 可行性　　D. 方向性

2. 市场营销策划的分类包括（　　　　）。

A. 按市场营销过程划分　　B. 按策划的对象划分

C. 按市场营销的不同层次划分　　D. 按企业开拓市场的过程划分

3. 按策划的对象，市场营销策划可以分为（　　　　）。

A. 企业策划　　B. 商品策划

C. 服务策划　　D. 效益策划

4. 市场营销策划需要经历以下（　　　　）阶段。

A. 研究市场和业务　　　　B. 制定营销策划策略

C. 落地执行计划　　　　D. 复盘与总结

5. 市场营销策划的原则包括（　　　　）。

A. 创新原则　　　　B. 系统原则

C. 人本原则　　　　D. 效益原则

▲ 判断题

1. 策划与咨询并不完全相同。（　　）
2. 以策划的对象进行划分，市场营销策划可分为企业策划、商品策划和渠道策划。（　　）
3. 企业市场营销策划最关键之处在于创意的独特，因此必须与其他企业不同。（　　）
4. 市场营销策划的根本目的在于促销。（　　）
5. 市场营销策划方案执行完成后不需要复盘。（　　）

▲ 案例分析

"婚礼咖啡"正流行

背景与情境：把咖啡吧台摆到婚礼现场，是一种怎样的体验？一些喜欢喝咖啡的年轻人，会在自己的婚礼上准备不同口味的手冲咖啡冻干咖啡，设置简易的咖啡吧台。

在咖啡市场迅速扩张的当下，喝咖啡已经融入更多年轻人的日常生活，也越来越多地融入婚礼、年会、音乐节等场景。例如，通过承接旅行社和婚庆公司的咖啡业务，按使用规模收费。团体活动中的咖啡品种以经典款、小杯量为主。不仅要考虑产品的受欢迎程度，还要考虑出品效率，并结合天气和客户的需求，使用便捷性高的家用咖啡机，做好应急方案。

除了咖啡，其他饮品也开始探索更多应用场景。例如，近几年很火的"屋顶喝茶"，靠屋顶这一新奇的消费场景出圈；边走边看的"City Walk"则带火了一批适合"Drink&Walk"的饮品门店，搭上了"城市游"的新场景；蜜雪冰城等品牌举办音乐节，让年轻人在现场边听音乐边喝饮品，将饮品与大型户外活动进行联结。

问题：

试结合“婚礼咖啡”的流行等实例分析，企业开拓市场的策划路径应该是怎样的？

分析提示：

1. 形成性要求

（1）学生分析案例提出的问题，拟出案例分析提纲。

（2）小组讨论并形成案例分析报告。

（3）班级内交流，由教师对各小组的案例分析报告进行点评。

（4）展示经过修订并附有教师点评的各小组案例分析报告，供学生借鉴交流。

2. 成果性要求

案例分析报告一份。

3. 其他要求

展示案例分析报告，开展师生多元评价。

▲ 策划演练

校园推广市场营销策划报告

试对某个产品（如饮料、快消品、手机、洗发水等）的校园推广活动实施市场营销策划。

实训目标：

（1）本实训项目帮助学生训练掌握“市场营销策划”的基本流程与基本技能。

（2）培养学生积极的工作态度和注重调查的意识，强化学生勇于创新的职业作风。

实训要求：

（1）正确运用市场营销策划的工具和方法。

（2）对“市场营销策划”的流程有准确把握。

（3）要求教师提供一个“市场营销策划报告”范例供学生借鉴。

（4）要求教师对学生提交的“市场营销策划报告”进行指导、评价。

实训步骤：

（1）开展产品学习、调查走访，了解产品信息，掌握相关数据。

（2）整理、分析调查数据，以小组为单位讨论策划目标及实现目标的举措。

（3）撰写“××产品校园推广市场营销策划报告”，详细陈述该产品的卖点和竞品的情况，以及消费者的购买特点、购买地点和影响消费者购买的因素。

组织形式：

以班级学习小组为单位，每小组完成一份“××产品校园推广市场营销策划报告”。

考核要点：

（1）市场营销策划工具的适用性。考核选择的市场营销策划工具是否适用。

（2）市场营销策划流程的合理性。包括研究市场和业务、制定营销策划策略、制订落地执行计划、复盘与总结。

（3）市场营销策划报告的规范性。包括策划报告是否结构清晰、内容完整、逻辑性强，是否具有可操作性。

项目二

市场调研策划

学习目标

// 素养目标 //

- 遵守法律法规，保证市场调研策划的公正性和合法性
- 树立诚信共赢、勇于开拓、善于创新的职业理念
- 在市场调研策划中团结一致，积极沟通，培养良好的团队协作精神

// 知识目标 //

- 掌握市场调研策划的概念、作用和内容
- 掌握市场调研报告的格式、内容
- 了解市场营销调研策划的主题、方法与流程
- 掌握市场调研报告的可行性分析和评估要点

// 技能目标 //

- 能够根据企业的实际情况选择合适的市场调研方法
- 能够通过不同形式的调查获取信息，读懂、归纳、汇总数据
- 能够在市场调研策划的过程中分析业务问题、完成决策设计
- 能够设计和撰写言之有物的市场调研报告

// 策划谋略 //

- 知己知彼，百战不殆

思维导图

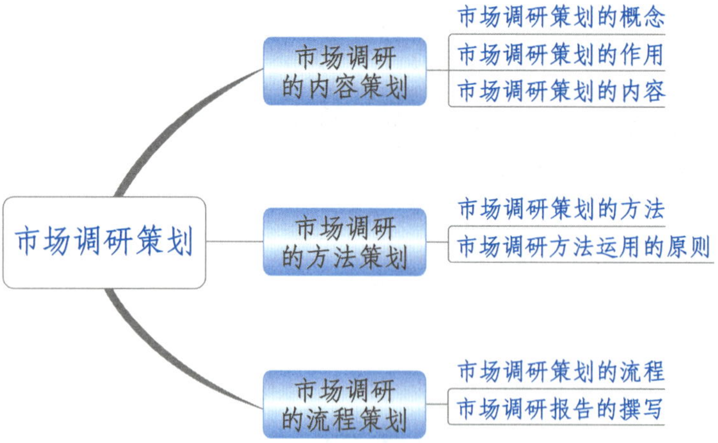

引例启思

微博泛二次元市场调研报告

微博与新榜联合发布的《2025 微博泛二次元内容生态研究报告》引起了广泛关注。报告显示，微博的 ACG（动画、漫画、游戏）用户数将超过 3.2 亿人，尤其是“90 后”成为这一用户群体的绝对主力。这一趋势不仅反映了“Z 世代”在社交媒体和消费市场的影响力，也展示了微博在泛二次元领域所构建的完整生态链。

1. 微博泛二次元用户规模分析

根据报告，2024 年我国泛二次元用户规模预计达到 5.03 亿人，占全国网民总数的一小半。这一现象表明，泛二次元文化正在逐步渗透到更广泛的社会群体中，成为年轻人生活不可或缺的一部分。值得注意的是，微博平台在这一领域的市场规模预计达到 5 977 亿元，这一数据无疑为相关行业的发展提供了新的动力。

2.“Z 世代”与消费趋势

随着“Z 世代”的逐渐崛起，他们在社交媒体上的话语权和消费能力也日益增强。报告中提到，以《哪吒之魔童闹海》《黑神话：悟空》等代表性 IP 为例，这些头部作品不仅推动了泛二次元圈层的扩展，也为整个市场注入了新的活力。“Z 世代”用户对内容的需求和消费方式的转变，正在重塑泛二次元产业的格局。

3. 线下与线上活动的热度

由微博主办的首届微博游戏动漫展吸引了 6.8 万名线下观众，购票观众中北方地区用户占比接近 80%，30 岁以下用户占比达到 77%。这样的热度表明了年轻用户对线下活动的高参与度和热情。活动期间，微博平台上 87 个相关热搜话题在三天内持续霸榜。这种线上线下的结合，不仅增强了用户的参与感，也为品牌和内容创作者提供了更多的商业机会。

随着用户规模的不断扩大和消费能力的提升，微博的泛二次元市场将迎来更为可观的市场潜力。行业专家预测，未来几年内，泛二次元产业将持续释放潜力，推动相关市场的进一步发展。

为确保市场营销活动的成功，企业需要进行相关的市场调研分析。企业在进行新业务开拓、新产品研发、市场竞争策略制定等重大规划的时候，都需要先进行市场调研，因为失去正确的目标和方法，会给企业的决策带来错误的信息，甚至给企业带来重大危害。本项目将从市场调研的内容策划、方法策划和流程策划等方面进行论述。

2.1 市场调研的内容策划

2.1.1 市场调研策划的概念

市场调研是指通过发现和提出企业营销的问题与需求，系统地、客观地识别、收集、分析和传播信息，从而提高市场营销决策的准确性并修正企业营销活动偏差的过程。市场调研是市场营销活动的基础，现代企业的市场营销和经营活动都越来越重视这一工作，并陆续建立起市场营销信息系统。

市场营销信息系统是指有计划、有规则地收集、分类、分析、评价与处理信息的程序和方法，提供有用信息，供企业营销决策者制定规划和策略的，由人员、机器和计算机程序所构成的一种相互作用的有组织的系统。

它包括以下几个子系统：

1. 内部报告系统

内部报告系统提供企业内部信息，以内部会计系统为主，辅之以销售报告系统，集中反映企业的订货、销售、存货、现金流量、应收及应付账款、盈亏等情况。内部报告系统的核心是“订单—发货—账单”循环。企业营销管理人员通过分析这些信息，比较各种指标的计划和实际执行情况，及时发现企业的市场机会和存在的问题。

2. 市场营销情报系统

市场营销情报系统是企业营销人员取得外部市场营销环境中的有关资料的程序或来源。该系统的任务是提供外界市场环境所发生的相关动态信息。

3. 市场营销调研系统

市场营销调研系统是企业完成明确具体的市场营销调研任务的工作程序或方法的总体，以帮助企业明晰所面临的市场营销环境现状。其任务是：针对确定的市场营销问题收集、分析和评价有关的信息资料，并就研究结果提交正式报告，供决策者用于针对性地解决特定问题，以减少可能由主观判断造成的决策失误。因各企业所面临的问题不同，所以需要进行市场调研的内容也不同。

4. 市场营销分析决策系统

市场营销分析决策系统用于提供分析市场资料和解决复杂市场问题的技术和技巧。这个系统由统计分析模型和市场营销模型两个部分组成，第一部分是借助各种统计方法对所输入的市场信息进行分析的统计库；第二部分是专门用于协助企业决策者选择最佳的市场营销策略的模型库。

在以上系统中，市场营销调研系统是本项目重点研究的内容。做好市场调研策划是实现市场营销调研系统作用的根本保证。

市场调研策划就是在市场调研进行之前，根据调查研究的目的，有的放矢地对调研工作的各个方面和全部过程进行全面考虑和计划，制定相应的实施方案和合理的工作程序。它包括确定调研课题、调研内容、调研时间，选择恰当的调研方式、方法和进行经费预算等。

【策划解码】

借助多元化调研策略开拓年轻市场

背景与情境：周黑鸭在起步之初，只是武汉当地的一个小品牌，它通过市场调研发现，其独特口味在年轻人中颇受欢迎，因而开始跳出传统的佐餐品类定位，转而打造娱乐美食潮牌，针对18—25岁的年轻消费者进行品牌营销，这一策略使周黑鸭迅速在全国范围内走红，成长为市值上百亿元的品牌。

周黑鸭综合运用问卷调查法、在线访谈法和二手数据收集法等方法，全面洞察消费者需求和市场动态。问卷调查法帮助它收集消费者的基本信息，确保数据的广泛性和代表性。在线访谈法则深入挖掘消费者的个性化需求和具体建议。同时，周黑鸭通过市场研究机构和行业协会等渠道获取二手数据，包括卤味市场的整体趋势和竞争对手的市场表现数据等。这些数据为公司的宏观市场环境分析提供了支持。

周黑鸭的消费者调研是一个系统而全面的过程，通过多种方式收集信息，并对调研结果进行深入分析，以指导企业的产品研发、市场营销和品牌建设。

问题：试分析周黑鸭运用多种调研方法开展市场调研的原因。

分析提示：周黑鸭的消费者调研旨在全面掌握消费者对产品的认知、偏好、购买习惯和品牌忠诚度。调研内容包括基本信息，如性别、年龄、职业和购买行为等，以及扩展信息如消费者满意度、改进建议和未来产品期望等，以指导产品开发、市场营销和品牌发展。

2.1.2 市场调研策划的作用

《孙子兵法·谋攻篇》有云："知己知彼，百战不殆"。什么叫"知己知彼"？从市场营销的角度看，就是要了解自己、了解客户、了解竞争对手。企业只有在获得大量的、可靠的市场信息的基础上，才能做到"百战不殆"，才能在激烈的市场竞争中占据有利地位。

市场调研策划是企业的"雷达"或"眼睛"，对于企业来说具有重要作用。

1. 为企业决策提供依据

经营决策决定了企业的经营方向和目标。它的正确与否，直接关系到企业的成功或失败。企业只有在收集到相关资料以后，才能根据本企业实际情况，确定营销活动的最佳方案，作出最佳决策。

通过市场调研策划可以了解经济环境对企业发展的影响，了解国家的政策法规变化，预测未来市场可能发生的变化。在买方市场中，企业占有市场不易，保持住市场份额更不易。只有坚持不懈地进行市场调研，才可以发现企业产品的不足及经营中的缺点，并及时地加以纠正，修正企业的经营策略，使企业在竞争中保持清醒的头脑，从而在市场上站稳脚跟，立于不败之地。

2. 帮助企业开拓新的市场

企业只有竭力保持住自己的现有市场，同时不断地开发潜在市场，才能使企业在激烈的市场竞争中保持最大优势。需求变动、同业竞争使得任何企业都无法在现有市场上保持永久的销售旺势，企业需要不断地开拓新的市场，以保住自己的市场份额。新市场的开发依赖于市场调查所提供的各类信息，通过市场调研的策划和实施，可以发现一些新的机会和需求，进而通过开发新的产品去满足这些需求。

3. 使企业在竞争中占据有利地位，赢得竞争优势

只有掌握对手的经营策略、产品优势、经营力量、促销手段及未来的发展意图等信息，才能达到在竞争中取胜的目的。

"人无我有，人有我优"的经营策略是每一个企业应对市场竞争的有效方法。只有知己知彼，才能跟竞争对手进行较量，这同样需要借助市场调研策划。企业面对的竞争对手往往不止一个，那么，是采取以硬实力正面相拼的策略还是采取避开竞争的迂回策略，要根据调研结果并结合企业实际情况做出决断。通过市场调研了解对手的情况，就可以在竞争中扬长避短，发挥自己的长处；或针对竞争者的弱点，突出自己产品的特色，以吸引消费者选择本企业的产品。

【策划解码】

印尼市场的宏观环境破局之道

背景与情境：在东南亚数字经济爆发的黄金窗口期，OPPO 以数据驱动的 PEST 分析框架，将印尼市场的政策红利、人口结构、技术迭代与文化特质转化为精准营销策略，创造了中国品牌出海的“印尼范式”。

在进入印尼市场之初，OPPO 调研人员扎根印尼，调研当地用户的真实需求。他们发现，印尼地处热带，每年降雨量较多，再加上当地最大的出行交通工具是摩托车，导致用户对手机防水的需求很高。大多数用户在雨天会给手机包上一次性防水袋，但防水袋又会严重影响到通话效果，因此，OPPO 在产品中加入了防水优化处理，以提高当地用户的使用体验。

面对印尼政府“本地化生产比例需超 67%”的硬性政策，OPPO 早在 2014 年便启动“灯塔工厂”计划，通过自建高标准智能制造基地，不仅实现零部件本地化率达 78%，更带动 7 家中国供应商在印尼建厂。

更具战略眼光的是，OPPO 将中国“一带一路”倡议与印尼“全球海洋支点”战略深度绑定。其 AI 营销云平台实时监测印尼数字经济发展白皮书更新，及时调整产品线，并联合当地运营商推出“数字乡村套餐”，使偏远地区用户购机成本降低 40%。这种政策敏感度让 OPPO 在印尼 5G 手机市场上击败了三星。

针对印尼人口年龄偏年轻化的特点，OPPO 构建了“Z 世代消费图谱”AI 模型。通过分析 TikTok、Instagram 等平台的上亿条本地用户评论，系统识别出“性价比”“社交属性”“娱乐功能”为印尼市场的核心需求点。基于此，OPPO 推出系列定制版手机，搭载专为印尼年轻群体设计的游戏加速引擎，成功在中低价位市场占据四成以上的份额。

问题：请结合案例分析，OPPO 在印尼开展的市场调研在开拓当地市场的过程中发挥了哪些作用?

分析提示：企业在开拓新市场时，需要借助市场调研发掘机会和需求，开发新产品新服务去满足需求；通过市场调研还能为企业的产品、营销等决策提供依据，帮助企业提升经营效率。

2.1.3 市场调研策划的内容

市场调研策划的内容大致可以分为以下几类。

市场调研
主题确定

1. 宏观环境调研策划

宏观环境是对企业的市场营销有着边界性控制影响但企业不可控制的外部环境。企业要对整个社会大环境有所了解和把握，从中找出对自己有利的切入点。企业需要调查分析的宏观环境内容，参见表 2–1。

表 2–1 宏观环境分析内容

名称	内容
人口环境	包括人口总量、性别构成与比例、职业构成与比例、各年龄段人口数量与比例、各教育程度人口数量与比例、各收入水平人口数量与比例、家庭户数及户均人数等
经济环境	包括 GDP 总量和人均 GDP、产业构成和比例、主导产业类别和规模、居民人均年收入、社会商品零售总额及人均社会商品零售额、居民存款余额及人均存款余额等
社会文化环境	包括社会风尚与社会风俗、生活方式与价值观念、消费传统与消费习惯、舆论影响与口碑影响、消费潮流与流行时尚等
自然地理环境	对地理气候等自然环境进行研究，从而发现地形地貌、天气气候等自然因素对消费者行为的影响，进而依据自然规律有意识、有成效地规划市场营销活动
科学技术环境	跟踪新科学、新技术、新发明、新材料、新工艺对产品研发、制造和产品生命周期带来的影响
政治法律环境	进行政治法律环境调研，使得企业的市场营销行为符合政府的政策与法律规范，并获得政府政策与法律的支持，从而为企业的市场营销争取良好的政治环境

从市场层面看，人口环境、经济环境和社会文化环境是市场营销宏观环境调研中最重要的对象。

2. 消费者调研策划

（1）消费需求量调研。

① 货币收入。消费者需求数量的大小取决于其货币收入的多少。在拥有一定货币收入的条件下，消费者才可能挑选和购买自己所需的商品，货币收入主要来自以下几个方面：A. 劳动收入，如职工的工资收入、奖金，农民出售农产品所获得的收入，从事兼职工作所获得的工资以外的收入，有偿转让或出售自己的发明专利所获得的收入等。这部分收入是消费者货币收入来源中最基本、最主要的部分，随着国家经济水平和劳动生产率的进一步提高，这部分收入呈不断上升的趋势。B. 从财政信贷系统获得的收入，如助学金、奖学金、救

济金和储蓄利息等。C. 源自其他方面的收入，如股息收入、亲属赠予、遗产接收等。

② 人口数量。人口数量是计算需求量时必须考虑的因素。因为一般情况下，人口数量越多，市场对商品的需求量就越大，尤其是日常食品和日用工业品，其需求会随着人口的增加而增加。

（2）消费结构调研。消费结构调研的主要类别和内容参见表 2–2。

表 2–2 消费结构调研

调研类别	调研内容
人口构成	人口构成在性别、年龄、职业、文化程度、民族等的不同，其消费投向会有很大的差异
家庭规模及构成	家庭规模就是家庭的人口数。家庭人口数多，对商品的需求就大
收入增长状况	随着经济增长，人们的收入水平也会随之相应提高。根据恩格尔系数所测算的消费结构的比重变化，当人们收入增加时，用于吃、穿方面的支出比重会逐渐下降，而用于住、用方面的开支则会呈上升趋势
商品供应状况以及价格变化	商品供应状况指市场上商品的供应是否充足。应调研当商品出于某种原因供应不足或限量供应时，或当商品价格提高到一定幅度以后，相应的消费投向的转移方向

（3）消费者行为调研。消费者行为是市场调查中比较难把握，而又带有不确定性的因素。它受多方面因素影响，诸如消费者心理、性格、文化程度、消费习惯、个人偏好和周围环境等，这些因素都可以在一定程度上影响消费者的购买行为。消费者行为调研就是要了解这些主客观因素及其发展变化对消费者购买行为的影响。

① 消费者心理需要。消费者心理需要是多种多样的，其调研类别和内容参见表 2–3。

表 2–3 消费者心理需要调研

调研类别	调研内容
习俗心理需要	由于消费者所处的地理环境、风俗习惯、传统观念等不同，存在的不同心理需要
同步心理需要	在社会风气、潮流、时尚的影响下，产生赶时髦、随潮流的心理需要
偏爱心理需要	由于心理素质、文化程度、业余爱好、职业习惯和生活环境的影响，从而产生对某种商品的特殊爱好

续表

调研类别	调研内容
经济心理需要	即注重经济实惠、价廉物美、货价相等的心理需要
好奇心理需要	即对新事物、新构想的求知心理及追求新颖、奇特的心理需要
便利心理需要	即要求购买方便、迅速，企业服务周到、热情，以及商品易携带、维修和使用的心理需要
美观心理需要	要求商品美观，使人赏心悦目或产生舒适感的需要
求名心理需要	为保证商品的质量以及体现一定的社会和经济地位而产生的挑选名牌、以商品品牌来决定购买的心理需要

② 消费者购买行为类型。消费者购买行为类型调研的类别和内容参见表 2–4。

表 2–4　消费者购买行为类型调研

调研类别	调研内容
习惯型购买	根据以往形成的习惯或效仿他人的经验而决定购买，表现为长期购买同一型号的商品或逛相同几家商场，而不易受外界的干扰
理智型购买	根据自己的经验和知识判别商品，对商品进行认真的分析、比较和衡量后才作出决定，而且不愿意他人介入
感情型购买	在购买时因感情因素的支配，容易受到某种宣传和广告的吸引，经常以商品是否符合自己的感官需要为标准进行购买
冲动型购买	消费者为商品的某一方面（商标、样式、价格等）所强烈吸引，迅速作出购买决策，而不愿对商品做反复比较
经济型购买	消费者多从经济方面着眼考虑购买，特别是对价格非常敏感，购买高级商品以求好而购买低级商品以求廉的购买行为
随意型购买	消费者缺乏购买经验，或随大流，或奉命购买，并乐于听取别人的建议

3. 产品情况调研

产品情况调研是指对产品的资料进行调查了解，找出其不足和有待加强、改进的地方。企业需要对自身产品的现状和未来做一个统筹规划，明确现有产品的优劣势，为今后的发展找到合适的方向和突破口。

【策划解码】

巨量千川推广助力企业提升营销效率

背景与情境：巨量千川推出了“全域推广”功能，有效助力商家在抖音撬动全局优质流量，提升经营效率。基于平台大数据，巨量千川通过调查分析为店铺经营者提供其所需的“人、货、场”营销洞察，支持选品、圈人和场景投放策略制定。同时，基于行业沉淀数据提供短视频、直播内容指导，辅助商家制定决策。日化品牌 OLAY、户外运动品牌蕉下、零食品牌三只松鼠等商家在短视频、直播营销中，借助巨量千川全域推广工具均实现了营销效率的提升。

问题：在数字营销时代，如何分析互联网平台大数据营销工具对于企业开展营销活动的影响？

分析提示：党的二十大报告提出：“加快发展数字经济，促进数字经济和实体经济深度融合，打造具有国际竞争力的数字产业集群。”抖音等互联网平台通过人工智能、大数据分析等技术手段，为企业提供智能化程度更高的营销工具，帮助企业提升了数字营销能力。

4. 竞争形势调研

企业对竞争者的情况要有全方位的了解，包括了解其产品的市场占有率、采取的营销策略、中短期营销规划等信息。从市场的供应方面调研竞争者，其内容主要包括以下三个方面。

（1）竞争格局调研。先从总体上调研主要竞争品牌的市场规模和市场份额，形成市场格局分析的基础。在此基础上分析市场的竞争结构，是完全竞争、垄断竞争、寡头垄断还是完全垄断，或者是某两种竞争结构的过渡状态等。在对市场竞争结构分析之后，再根据各主要竞争品牌的竞争实力、市场销售规模和市场份额，确定各竞争品牌的市场地位和市场角色。例如，市场领导者是哪个品牌，市场挑战者是哪个品牌，市场追随者和市场补缺者分别有哪些品牌等，或者逐一分析进入行业第一集团（或称第一阵容）、行业第二集团（阵容）、行业第三集团（阵容）的品牌。

（2）竞争策略调研。竞争格局调研是市场现状调研的一部分，它反映的是市场竞争的结果。为了揭示市场格局形成的原因，还需要针对主要竞争品牌的竞争策略和营销策略开展调研。

① 主要竞争品牌的竞争策略调研。竞争策略是导致竞争格局的重要因素之一。因此，市场竞争调研需要开展主要竞争品牌市场竞争策略的研究。按照迈克尔·波特的竞争理论，市场竞争策略的基本模式有规模领先、成本领先和专业化集中经营等方式。在市场竞争中，这些模式是普遍适用和有效的。但也存在其他一些非典型性的或创新性的竞争策略模式，需要在调研中发现、识别并揭示出来。

② 主要竞争品牌的营销策略调研。具体调研和分析各主要竞争品牌的营销策略组合，参见表 2–5。

表 2–5 主要竞争品牌营销策略组合调研

调研名称	调研内容
产品策略调研	产品线系列与产品组合结构，形象产品和主销产品的市场定位、核心利益诉求与销售表现，产品质量与产品形象的市场评价
价格策略调研	价格策略意图，形象产品、主销产品的价格水平及其市场的接受程度，进攻产品的价格水平和市场攻击力度，市场价格稳定情况与价格秩序规范情况
渠道策略调研	分销模式与分销渠道结构，主流渠道的业态形式与销售业绩构成，重点客户及其销售规模与比重，客户关系与客情维护情况，产品销售区域与渠道的规范程度，市场管理制度与执行力度
广告策略调研	广告传播主题与产品利益诉求点，广告传播的媒体形式与媒体重点，广告发布时间和广告发布频率的选择，广告费用与广告力度，广告的消费者接受度、认知度以及广告产品的试用率等广告传播与促销效果
促销策略调研	促销活动的时间与频率，促销活动的主题与形式，促销活动的让利幅度与宣传力度，促销活动的消费者接受度与实际销售提升效果
营销组织调研	营销组织结构形式与人力资源配置，市场与销售部门职能、职责与权限的划分，营销人员的薪资结构与薪资水平，营销团队的业绩考核与激励制度，营销队伍的整体营销意识、营销能力与精神面貌等

（3）主要竞争品牌的优劣势分析。通过上述市场的竞争格局和竞争策略的调研，结合各品牌的市场与销售历史业绩、资金实力与融资能力、技术能力与研发水平、原材料供应与产业链整合能力与企业内部管理能力，对主要竞争品牌的竞争优劣势进行分析归纳，为下一步制定企业的竞争策略、营销策略提供依据。对主要竞争对手的分析，要客观公正、实事求是，既不要过分夸大和惧怕竞争对手的优势，也不要过于轻视竞争对手的不足与劣势。

2.2 市场调研的方法策划

2.2.1 市场调研策划的方法

本节主要探讨市场调研策划的一些具体方法和应用。

1. 按市场调研的目的性划分

按照市场调研的目的性，市场调研方法可以分为探索性研究、描述性研究和因果关系研究三种，它们的特征与具体作法具有明显差异，其相关比较参见表 2-6。

表 2-6 市场调研方法比较

项目	探索性研究	描述性研究	因果关系研究
目的	对问题进一步了解，产生想法和思路	描述总体的特征或功能	确定因果之间的关系
特征	小样本 不具有总体推断意义 定性分析 常常是全部方案设计的前端部分	大样本 有事先提出的具体假设 定量分析 将结果用作决策参考	多为大样本 研究独立变量，控制中间变量 侧重定量分析 结果说明决策原因
方法	专家调查法 二手资料调查法 座谈会调查法	观察法 二手资料调查法 抽样调查法	实验法 二手资料调查法 抽样调查法

2. 按量化关系来划分

按量化关系的差异，可以分为定性研究方法和定量研究方法。

（1）定性研究方法。定性研究是指通过发掘问题、理解事件现象、分析人类的行为与观点以及回答提问来获取敏锐的洞察力。这是在一群小规模、精心挑选的样本个体上开展的市场研究，该研究不要求具有统计意义，但是凭借研究者的经验、敏感度以及有关的技术，能有效地洞察日常生活中消费者的行为和动机，以及这些行为和动机对产品和服务带来的影响。定性研究主要有以下几种方法：

① 小组访谈法。相对其他探索性研究方法而言，企业更常应用小组访谈法。小组访谈法一般有 8~12 位参加者，由主持人把控节奏，围绕一个主题进行非结构性的讨论，时间约为 1~2 小时。参加访谈的人数在一定程度上取决于讨论的主题和与会者的类型。一般来讲，参会者的语言表达越清晰，需要的参加者越少。小组访谈的场所要设计得令参加者感觉舒适、轻松。一般来讲，参加者围坐在桌子周围，会场应备有茶饮或水果点心。

小组访谈法的主要优点：所需时间短；费用有限。

小组访谈法的主要缺点：会有一些人“主导”座谈会的进展与主题而使另一些人发言较少，因而不易从每个人那里得到所需信息；在 1~2 小时的座谈会上，分配到一个人的发言时间很短；在特定的群体中，可能会出现注重一些问题却忽略了一些重要问题的情况；具有控制能力的人很容易压制少数人的观点。

小组访谈法的适用性：提供对某一问题的深入研究；了解客户对商标的感受和态度；帮助构建后续的定量研究；使统计研究结果更生动；产生研究课题；确定针对新思想的初步行动。

② 深度访谈法。一对一访谈，不限定时间。对访谈者的技术性要求较高，比小组访谈法的费用高。深度访谈法在下列情形中是价值较高的研究方法：

产生多个可供选择的计划。因为每次访谈只有一个访谈对象，不会受其他人评论的影响，所以进行了多场深度访谈后就会收集到更多不同的观点。

可以用来讨论一些其他人在场难于启齿的问题，如敏感话题、涉及隐私的话题或可能使访谈对象感到尴尬的问题。对于较难寻找的个体如医生、律师、商界高层人士等，只能用深度访谈法。由于他们的工作相对紧张繁忙，对这些人的电话访问或邮寄问卷的成功率均很低。

如果要考察由几个人参与的决定过程，或由几个相关的决定组成的最后决策，或需要较长时间才能作出的决定，小组访谈会非常合适。

③ 投射技术法。由于这样或那样的原因，有时人们不愿给出真实的回答；还有时人们会难以表达他们对某一问题的看法。这时就需要考虑利用投射技术法，它可以使接受访问的人将他对于人、事、物或情境的感受、观点、动机等投射到其他人或事物上，从而间接地得到受访者的信息。

④ 联想法。向受访者呈现一系列听觉或视觉刺激（常用词语或图片），并请受访者说明听到或看到这些刺激后心里想些什么。

联想法中常使用的技术是完形技术，即请受访者完成一个不完整的句子、故事或假设等。例如，请受访者完成一个未完成的句子“我不喜欢银行是因为____________”。当被访者不愿或不能回答直接提问时，这种技术有助于揭示个体潜在的动机、态度。

⑤ 角色扮演法。请被访者扮演其他人并按照他认为所扮演的人应有的反应行事。

⑥ 个性化技术法。请受访者为一个非生命的物体创造其个性。

⑦ 心理绘画法。请受访者将抽象的观念，如颜色、符号等与指定事物相联系。

（2）定量研究方法。定量研究是指确定事物某方面量的规定性的科学研究，就是将问题与现象用数量来表示，进而去分析、考验、解释，从而获得意义的研究方法和过程。定量研究主要有询问法、观察法和试验法。

① 询问法。询问法又称访问法或调查表法，就是调查人员采用访谈询问的方式向被调查者了解市场情况的一种方法。它是市场调查中最常用的、最基本的调查方法。

询问法的类型，按照问卷的填写方式可以分为：面谈调查、电话调查、邮寄调查、留置问卷调查和日记调查。

② 观察法。观察法是指调查员凭借自己的感官和各种记录工具，深入调查现场，在被调查者未察觉的情况下，直接观察和记录被调查者行为，以收集市场信息的一种方法。

③ 试验法。试验法是指市场调研者从影响调查问题的众多因素中选出一个或几个影响因素，先将它们置于一定条件下，然后对试验结果作出分析判断，最后进行决策。

2.2.2 市场调研方法运用的原则

无论采取什么样的市场调研方法，都必须遵循以下原则。

1. 科学性原则

要按科学规律办事，这是科学性原则的基本要求。该原则主要包括正确的思想观念；严格的规章制度；科学的工作标准；合理的调查方法。

2. 客观性原则

一切从客观存在的实际情况出发，在正确的理论指导下，科学进行分析研究。真实准确地反映情况，避免主观偏见或人为地修改数据结果。

3. 系统性原则

以系统要素为指导，处理好整体与局部的关系，全面地考虑问题。

4. 时效性原则

时效性是由市场调查的性质决定的。由于市场不断变化，市场调研需要在这种不断变化中对市场现象进行研究。

5. 经济型原则

以最少的调查费用去获得最佳的调查效果；考虑投入和产出之间的对比关系。

6. 保密性原则

为客户保密；对被调查者提供的信息保密。

【策划瞭望】

义乌爆款制造背后的 AI 赋能

在 2024 年巴黎奥运会期间，义乌的生产企业瞄准了运动员同款拖鞋，甚至是同款发卡中蕴含的商机。奥运会期间，淘宝“明星同款”的热榜几乎全部为运动员所占领：从洞洞鞋到白衬衫再到毛毯，点开词条下单购买，发货地大都是义乌。

当“神枪少女”黄雨婷拿下巴黎奥运会射击混合团体 10 米气步枪冠军时，义乌工厂已经在当天凌晨两三点加急赶工，生产出了第一批黄雨婷同款发卡，仅仅两天，60 万个发卡就被抢购一空。

义乌之所以能够快速感知市场需求，抓住商机，离不开 AI 的助力。选品若仅凭老板自己的兴趣来挑选，想做爆品只能碰运气。借助 AI 技术制造爆款成为趋势。例如，针对东南亚市场，可输入提示词指令“菲律宾的商品，2 个月内累计销量大于 100 件，产品销量最近一周增长率大于 10%”，AI 就能自动筛选出国外市场的热卖产品，还能更精准地锁定爆品款式。同时，产品图片、文案、标题的制作，甚至是店铺的客服工作，都可以借助 AI 高效率地完成。

2.3 市场调研的流程策划

2.3.1 市场调研策划的流程

市场调研策划的流程可以分为六个阶段，每个阶段又有不同的内容。

1. 市场调研准备阶段

（1）提出问题。主要包括以下几类：① 经营问题。如经营中出现的困难、产品积压、资金呆滞、市场占有率下降等。② 企业未来发展方向问题。如市场规模和结构、新产品的开发问题、市场潜力和发展前景等。③ 竞争问题。如市场上各种竞争力量的分析与对比、竞争对手的弱点和优势等。

（2）确定目标。对调研目标的确定需要先搞清以下几个问题：① 为什么要调研。② 调研中想了解什么。③ 调研结果有什么样的用处。④ 谁想知道调研的结果。

（3）确定调研项目。调研项目是为了获得统计资料而设立的，它必须依据调查的目标进行设置，应对所有相关因素进行取舍。先对有关项目的重要程度进行比较，再选择那些相关程度较高的项目。这些项目不仅要与调研主题关系密切，而且要意义明确，便于回答。要根据经费的多少、统计能力和调研方式等情况，确定调研项目。

（4）确定信息来源。要明确的信息具体包括：① 哪些是所需的资料；② 从什么地方可以获得这些资料；③ 通过什么调研方式能够获得资料；④ 应该进行调研的对象有哪些。

（5）确定调研时间和费用。这是指采用一年调研一次，还是反复多次地调研；是采用固定时间还是非固定时间进行调研。

估算调研费用：包括消费者调研、产品调研、渠道调研或销售调研等的费用支出；此外，调研方式、规模、时间、项目的多少也直接影响费用支出的高低。

2. 制订调研计划阶段

（1）确定调研内容和调研时间。确定调研内容实际上就是将各种调研的构想和操作明确化。它包括调研目的、方法、技术和资料的收集与整理，调研对象的选择，经费估算以及人员安排等具体内容。

在这一工作中，常常会用到调研进度表。调研进度表是将调研过程每一阶段需完成的任务做出规定，避免重复劳动和拖延时间。

（2）收集文字资料。对现有的文字资料进行调查和收集，即通过企业的各种报表、外部统计资料了解企业的生产、经营、销售及库存方面的情况。

（3）确定哪些资料还需要进行实地调研，同时准备实地调研方案，确定抽样形式和抽样对象，准备调研问卷等。

3. 实地调研阶段

即收集第一手资料的阶段，可采用前面定量研究中所提及的询问法、观察法和试验法。

4. 数据资料整理阶段

该阶段的主要工作包括：① 资料的核实与分类汇总。② 集中趋势和离中趋势分析。③ 进行市场预测。

5. 市场调研报告

市场调研报告是市场调查的成果，该报告的写作应力求语言简练、明确、易于理解，内容讲求适用性，并配以图表进行说明。如果是技术性的报告，因为其读者大多数是专业人员或专家，所以要力求推理严密，并提供详细的技术资料及资料来源说明，注重报告的技术性，以增强说服力。

6. 跟踪调研

跟踪调研是调研部门的售后服务，应追踪了解调研报告中所提建议是否符合实际，所提数据是否准确、合理，以检验调研工作的成效。还应追踪调研结果是否被委托人完全采纳；如没有采纳，原因是什么，责任在调研单位上，还是委托单位的问题。

2.3.2 市场调研报告的撰写

1. 市场调研报告的格式和内容

市场调研报告的格式并不唯一，但一般包括以下几个部分：

（1）题目。题目包括市场调查题目、报告日期、委托方、调研方，一般应打印在扉页上。

关于题目，一般是通过标题把被调研单位、调研内容明确而具体地表示出来，如《关于 ×× 市居民运动品市场消费情况调研》。有的调研报告还采用正、副标题相结合形式，一般正标题表达调研的主题，副标题则具体表明调研的单位和内容。如《“二次元”世界知多少——新兴消费潮流总体调研报告》。

（2）目录。提交调研报告，如果调研报告的内容、页数较多，为了方便读者阅读，应当使用目录或索引形式列出报告所分的主要章节和附录，并注明标题、有关章节号码及页码。一般来说，目录的篇幅不宜超过一页。

（3）概要。概要主要阐述调研课题的基本情况，它按照市场调研课题的顺序将问题展开，阐述对调研的原始资料进行选择和评价、作出结论、提出建议的原则等。主要包括以下内容：

① 简要说明调研目的。即简要地说明调研的由来或委托调研的原因。

② 介绍调研对象和调研内容，包括调研时间、地点、对象、范围、调研要点及所要解答的问题。

③ 简要介绍调查研究的方法。例如，某调研工作的技术报告“执行情况”部分如下：

本次抽样采用二阶段抽样方法，根据第七次人口普查数据，在第一阶段中使用概率比例规模抽样方法从 ×× 地区随机抽出 20 个居委会，第二阶段从每个居委会中使用简单随机抽样的方法选出 50 个居民户。抽样置信度为 5%。

抽样及入户调查由国际公认的调研网认证通过。

问卷设计与后期数据处理及技术分析报告由 ×××× 技术公司完成。抽样与入户调查由 ××××× 调查队负责完成。调查进行日期从 202× 年 × 月 × 日至 × 日。

问卷设计为封闭式，共 81 个问题。入户调研采用调研员询问代填方式。问卷总数为 1 001 份，收回 997 份。

抽样的男女比例与总体一致，年龄分布呈正态分布；被调研者中所占比例最高的为国有企业、事业单位以及政府机关员工；所有的被调研者中有 84.45% 的人享受公费医疗；被调查者中 45% 的人收入为 1 000~3 000 元，39% 的人收入为 3 000~5 000 元；79.7% 的人均已婚并有子女。

（4）正文。正文是市场调查分析报告的主要部分。正文部分必须准确阐明全部有关论据，包括从问题的提出到得出的结论、论证的全部过程，以及分析研究问题的方法。还应当有可供市场营销活动的决策者进行独立思考的全部调查结果和必要的市场信息，以及对这些情况和内容的分析、评价。

（5）结论和建议。结论和建议是撰写市场调研报告的主要目的。这部分包括对引言和正文部分所提出的主要内容的总结，以及如何利用已证明有效的措施解决某一具体问题的方案与建议。结论和建议与正文部分的论述要紧密对应，既不要提出无论据的结论，也不要没有结论性意见的论证。

（6）附件。附件是指调研报告正文包含不了或没有提及，但与正文有关必须附加说明的部分。它是对正文报告的补充或更详尽说明。

2. 市场调研报告的可行性分析和评价

市场调研报告成文后，需要对其质量进行评估，主要从可行性和评价等方面进行。

（1）调研方案可行性分析的方法。

市场调研结果分析与处理

① 经验判断法。经验判断法是指通过组织一些有丰富市场调查经验或者相关领域的专家等，凭借经验对初步设计的市场调研策划方案进行评估，以确定该方案是否具备科学性和可行性。

② 逻辑分析法。逻辑分析法是指从正常的逻辑层面对调查策划方案进行把关，考察其是否符合逻辑和常理。

③ 试点调查法。试点调查法是小范围地选择部分调研单位进行试验性调查，对调研方案进行实地检验，以确定市场调研策划方案的可行性。试点调研法通常有两个重要的作用，一是对调研方案进行实地检验，二是可以在大规模推广应用之前及时了解调研工作的合理性，找出其中的薄弱环节。

（2）调研方案模拟实施。模拟调研结果的分析非常重要，是正式开展大规模调研工作成败的关键。

（3）调研方案设计的总体评价。市场调研方案设计的总体评价涉及以下三个方面：① 方案设计是否体现调研目的；② 方案是否具有可操作性；③ 方案是否科学和完整。

【商道明灯】

以科技创新赋能用户隐私保护

背景与情境： 移动应用安全越来越重要，尤其当下手机、平板电脑、可穿戴设备以及智能网联车的智能座舱都在寻求协同互联，数据量庞大，如何在软硬件之间获得更高的安全保障极为重要。然而，当前的联网系统在应用安全方面存在着诸多问题，乱弹窗、诱导下载、仿冒应用、窃取个人隐私等行为仍然存在。随着消费者对个人信息安全关注的日益提升，越来越多的企业开始加大在用户隐私保护领域的投入。

华为 Harmony OS 操作系统陆续推出了纯净模式、应用管控中心、安全中心等一系列特性功能。Harmony OS 在保护用户隐私方面更是实现了重大升级，优化了应用管控中心，以更加客观的方式提示风险，并提醒用户关注风险应用或自动拦截取消安装，降低诱导下载应用的风险。同时，通过应用跟踪管理，对应用风险行为进行管控，为用户提供安全的使用环境。全新应用管控中心支持万能卡片，通过更加显性可视化的卡片设计、实时的风险提醒和自动拦截，让用户更清楚了解手机安全状态，更放心地使用智能设备。

问题：从社会责任和企业伦理的角度，分析华为保护用户隐私的意义。

分析提示：企业收集用户信息的初衷，是通过了解用户的需求和使用体验，有针对性地提升产品质量、服务能力等，从而更好地服务用户。在这一过程中应遵守相关法律法规，秉持最小必要原则，不侵犯用户的隐私信息，更不能以违规违法的方式隐蔽地搜集用户个人信息，以免造成信息泄露，给用户带来不必要的风险。

学习训练

▲ 单选题

1. 以大量的历史观察值为主要依据，建立适当的数学模型，推断或估计市场未来的供给量和需求量是（ ）的特点。

A. 定性市场预测　　B. 定量市场预测

C. 单项商品预测　　D. 商品总量预测

2. 下列选项中，（ ）不是市场营销信息系统的子系统。

A. 市场营销情报系统　　B. 市场营销调研系统

C. 企业经营财务系统　　D. 内部报告系统

3. 市场调研信息的使用者是（ ）。

A. 市场调研公司　　B. 政府

C. 大众消费者　　D. 企业

4. 下列不属于定量研究方法的是（ ）。

A. 询问法　　B. 观察法

C. 试验法　　D. 联想法

5. 小组访谈法的优点是（ ）。

A. 时间短、效率高　　B. 保护受访对象隐私

C. 能获取大量用户数据　　D. 深入了解受访者的心理

▲ 多选题

1. 市场调研策划的主要内容包括确定（ ）。

A. 调研课题　　B. 调研目的

C. 调研方法　　D. 经费预算

2. 市场调研策划的内容包括（ ）。

A. 宏观环境　　B. 消费者调查

C. 竞争者调查　　D. 产品调查

3. 询问法的类型不包括（ ）。

A. 心理绘画　　B. 电话调查

C. 邮寄调查　　D. 深度访谈

4. 按照市场调研的目的性，市场调研方法可以划分为（ ）。

A. 探索性研究　　B. 描述性研究

C. 定性研究　　D. 因果关系研究

5. 下列选项中，属于定性研究的方法有（　　）。

A. 小组访谈　　　　B. 深度访谈

C. 投射技术　　　　D. 角色扮演

▲ 判断题

1. 市场调查的最终目标是影响公众的意见或倾向。（　　）

2. 定量调查可用于了解消费者的态度、感觉、动机、反应等方面。（　　）

3. 消费者行为是市场调查中带有不确定性的因素，它具有不确定性是因为受多方面因素影响。（　　）

4. 定量调查是指围绕一个特定的主题取得有关定性资料的调查方法。（　　）

5. 定性研究是一种需要覆盖广泛群体，在大规模样本基础上进行的市场研究。（　　）

▲ 案例分析

比亚迪的突破与革新源于对市场的深刻洞察

背景与情境：伴随自主品牌在新能源汽车领域持续发力，以比亚迪为代表的自主品牌的销量一路领先。不仅在中国市场的表现远超欧美日韩的汽车品牌，在世界舞台的竞争表现也毫不逊色。

中国汽车制造商能够实现跨越式前进，秘诀在于能够洞察市场和消费者需求。比亚迪近年来的销量高速增长，来源于品牌洞察消费者痛点，预判市场趋势，提前展开技术研发投入布局的实力，以及持续提升产品与服务的竞争力。

借助AI技术，比亚迪汽车通过分析用户的驾驶习惯、偏好等数据，为用户提供个性化服务推荐，提升用户的用车体验；还通过智能诊断、智能预约等功能，提高了售后服务的效率和用户满意度。一方面，比亚迪通过AI技术优化产品服务功能体验，另一方面，通过在服务过程中积累和沉淀用户使用数据，为产品研发和服务升级提供依据，持续打造品牌护城河。

问题：

比亚迪对消费者需求的深刻洞察为企业的经营发展带来了哪些帮助？

分析提示：

同项目一本题型的分析提示。

▲ 策划演练

连锁品牌市场调研策划

试对某个连锁品牌（饮料、快消品、手机、洗发水、数码产品等）做市场调研策划。

实训目标：

（1）帮助学生理解和掌握市场调研策划的内容、方法和流程与基本技能。

（2）培养学生的团队合作意识和勇于创新的精神。

实训要求：

（1）正确选择市场调研的内容和方法。

（2）准确把握市场调研的流程。

（3）合理规划调研周期，按时完成各阶段任务。

（4）要求教师提供一个“市场调研策划”范例供学生借鉴。

（5）要求教师对学生提交的“市场调研策划报告”进行指导、评价。

实训步骤：

（1）制订调研计划，设计调研内容和方法。

（2）收集调研的数据资料，并对其进行整理、清洗和分析。

（3）撰写“连锁品牌市场调研报告”，内容包括问题陈述、数据分析、结论与建议。

（4）各小组根据调研报告制作展示汇报 PPT，面向教师和班级同学汇报展示，教师对各小组的调研报告进行指导、评价，确保调研报告的质量和准确性。

组织形式：

以班级学习小组为单位，每小组完成一份“连锁品牌市场调研策划报告”。

考核要点：

（1）调研内容和方法的准确性。包括调研问题的针对性、问卷设计的科学性与创新性。

（2）调研数据、资料的质量和完整性。检查资料数据收集的数量、质量及覆盖面是否满足需求。

（3）调研报告的规范性。包括报告结构的清晰度、内容的完整性、论证的逻辑性。

项目三

市场细分与市场定位策划

学习目标

// 素养目标 //

- 弘扬奋斗者精神，树立服务意识
- 自觉践行市场导向经营理念，参与公平竞争
- 培养勤于思考的职业习惯，树立大局意识

// 知识目标 //

- 掌握市场细分的依据
- 掌握目标市场的类型
- 掌握市场定位的含义、步骤和方法

// 技能目标 //

- 能够进行有效的市场细分，及时发现市场机会
- 能够依据市场细分的结果，合理选择目标市场类型
- 能够创造性地进行市场定位，突出独特价值，实现差异化经营

// 策划谋略 //

- 弱水三千，只取一瓢

思维导图

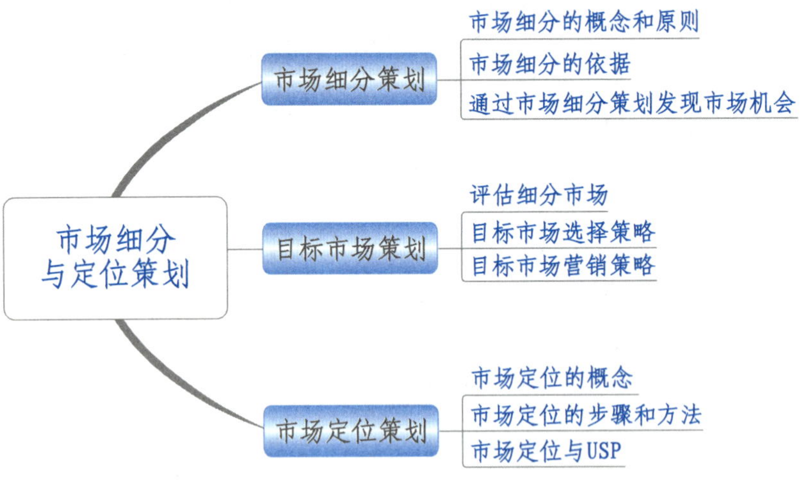

引例启思

小城造汉服，已然火出圈

山东曹县早期以生产戏剧服装、影视服装等表演服饰而闻名。近年来，随着国潮文化的兴起，汉服作为一种承载着丰富历史文化元素的传统服饰，迅速成为国潮流行新趋势。从 2019 年开始，山东曹县的演出服生产商敏锐洞察这一趋势并迅速转型，开始大批量生产汉服。

曹县利用原有戏服制作的工艺基础和产业链优势成功转型，成为国内重要的汉服生产基地。据央视财经报道，仅 2024 年的前两个月，曹县的马面裙销售额就接近 5.5 亿元。一些商家透露，不用打广告，订单就会像雪花般飞来。

从戏服到汉服，曹县服装产业的成功转型得益于其对细分市场的准确把握，在竞争激烈的服装行业，通过有效市场细分和策划发现市场机会。伴随着我国全社会文化自信的不断增强，越来越多的年轻人通过汉服了解曹县、走进曹县，山东曹县已然火出圈。

STP 策划——市场细分（Segmenting）策划、目标市场（Targeting）策划和市场定位（Positioning）策划是环境分析的结果和营销战略实施的抓手，也是 4Ps 策划的方向和旗帜，在市场营销策划体系中具有决定性的地位和作用。山东曹县汉服产业的崛起就是通过服装市场的细分，发现新的市场机会，并将曹县打造成汉服强县的独特品牌形象，是 STP 策划的典型范例。本项目将系统地阐述企业如何寻找与自身相匹配的发展机遇，正确地进行市场细分和目标市场选择，从而帮助企业实现独特的市场定位，在竞争中取得发展。

3.1 市场细分策划

市场细分策划是市场研究中最吸引人的领域之一，它不仅是一种使用诸多数据分析方法的科学工作，还是一项需要研究者发挥想象力和洞察力的艺术创造。

3.1.1 市场细分的概念和原则

1. 市场细分的概念

市场营销以满足顾客需求为目标，但鉴于任何一个企业所能控制的资源是有限的，其供给能力总是小于市场整体需求。换句话说，任何企业所生产的产品或提供的服务都不可能满足所有顾客的需求，也不可能满足顾客的所有需求，只能满足一部分顾客的一部分需求，这是企业进行市场细分的基础。

市场细分，就是根据消费者明显不同的需求特性，把市场区分为两个或者两个以上的消费者群，以便企业选择目标市场的活动。将一群具有近似特征的消费者群，从差异万千的大市场中划分出来，作为一个个分市场，这就是市场细分的过程。

2. 市场细分的原则

企业可根据单一因素，亦可根据多个因素对市场进行细分。选用的细分标准越多，相应的子市场也就越多，每一子市场的容量相应就越小；相反，选用的细分标准越少，子市场就越少，每一子市场的容量则相对较大。如何寻找合适的细分标准，对市场进行有效细分，在营销实践中并非易事。一般而言，成功、有效的市场细分应遵循以下四个基本原则。

（1）可衡量性。可衡量性是指细分的市场是可以被识别和衡量的，即细分出来的市场不仅范围明确，而且对其容量大小也能大致作出判断。有些细分变量，如具有“依赖心理”的青年人，在实际中是很难测量的，以此为依据细分市场就不一定有意义。

（2）可进入性 。可进入性是指细分出来的市场应是企业营销活动能够触达的，即企业通过努力能够使产品进入并对顾客施加影响的市场。一方面，有关产品的信息能够通过媒体顺利传递给该市场的大多数消费者；另一方面，企业在一定时期内有可能将产品通过一定的分销渠道运送到该市场。否则，该细分市场的价值就不大。

（3）有效性。有效性是指细分出来的市场的容量或规模要大到足以使企业获利。在进行市场细分时，企业必须考虑细分市场上顾客的数量，以及他们的购买能力和购买产品的频率。如果细分市场的规模过小、市场容量太小、细分工作业务繁琐、成本耗费大但获利小，就不值得企业去开发。

（4）差异性。差异性是指各细分市场的消费者对同一市场营销组合方案会有差异性反应，或者说对营销组合方案的变动，不同细分市场会有不同的反应。如果不同细分市场顾客对产品需求差异不大，行为上的同质性远大于其异质性，此时企业就不必费力对市场进行细分。对于细分出来的市场，企业应当分别制定独立的营销方案。如果无法制定出这样的方案，或其中某几个细分市场对是否采用不同的营销方案不会有大的差异性反应，则不必对其进行市场细分。

3.1.2 市场细分的依据

市场细分的依据实际上就是客观地存在于市场上的消费者需求差异化的各种因素。通常消费者市场细分的依据包括以下几个因素。

1．地理因素

地理因素主要包括消费者所居住的地区以及这些地区的自然特点，如区域类型、城市或乡村、人口密度、气候、城市规模等。企业之所以可以按照地理因素来细分市场，关键在于生活在具有不同地理特征地区的消费者，对同一类产品往往会有不同的需要与偏好，他们对于企业制定的营销策略往往也会产生不同的反应。地理因素是一个静态因素，一般容易辨别，它对于分析研究不同地区消费者的需求特点、需求总量及其发展变化趋势具有一定的意义，有助于企业地域市场的开拓。市场营销学中强调的“本土化营销”理念，其目的就是适应本地区顾客的需求。

2．人口因素

人口因素的细分是把目标市场的顾客，按年龄、性别、家庭生命周期、职业、收入、受教育程度等特征因素，分成不同的子市场。人口因素在细分顾客市场中的应用比较多，其主要变量与营销亮点参见表 3–1。

表 3–1　人口因素主要变量与营销要点

人口因素	主要变量	营销要点
性别	男女构成	了解男女构成及消费需求特点
年龄	婴儿、儿童、少年、青年、成年、老年	掌握年龄结构、比重及各年龄层的消费特征
收入	高收入、中高收入和低收入者	掌握不同收入层次的消费特征和购买行为
家庭生命周期	单身阶段、备婚阶段、新婚阶段、育儿阶段、满巢阶段、空巢阶段、寡鳏阶段	研究各家庭处在哪一阶段、不同阶段的消费需求的数量和结构

续表

人口因素	主要变量	营销要点
职业	工人、农民、军人、学生、干部、教育工作者、文艺工作者等	了解不同职业的习惯特点及消费差异
受教育程度	小学、中学、大学等	了解不同文化层次人群购买种类、行为、习惯及结构

3. 消费者行为因素

消费者行为因素是根据消费者对产品的购买习惯、利益因素、产品使用状况、品牌忠诚度等特征因素以及它们的结合进行细分。

（1）购买习惯。即使在地理环境、人口状态等条件相同的情况下，由于购买习惯不同，仍可以细分出不同的消费群体。购买时间习惯标准，就是根据消费者产生需要购买或使用产品的时间来细分市场的。例如，在中秋节人们总是要购买月饼；又如，春节前团圆饭的预定会达到高峰。从购买地点习惯看，一般日用品消费者愿意去超市、便利店购买，这就为企业市场细分提供了依据。

（2）利益因素。消费者总是希望寻找一种商品、服务或是环境，尽量地满足某种需要。可根据消费者对产品的态度、追求的利益的类型对市场进行细分。这种细分的方法越来越受到营销工作者的重视，被广泛地推广使用。

（3）产品使用状况。根据消费者是否使用和使用的情况来细分，一般可分为实际消费者、潜在消费者、非消费者等。大企业往往注重将潜在消费者转变为实际消费者，小型企业则注重于保持实际消费者的数量，并设法吸引使用竞争者产品的实际消费者，将其转变为自己的实际消费者。

（4）品牌忠诚程度。企业还可根据顾客对产品的忠诚程度细分市场。有些顾客经常变换品牌，有些消费者则在较长时期内关注某一个或少数几个品牌。通过了解消费者品牌忠诚程度，以及品牌忠诚者与品牌转换者的各种行为与心理特征，不仅可以为企业细分市场提供依据，同时也有助于企业了解自家产品忠诚消费者的特征，从而为企业选择目标市场提供启示。

4. 心理因素的细分

心理因素的细分就是根据顾客的社会阶层、生活方式、性格等特征因素进行细分。

（1）社会阶层因素。社会阶层是指在某一社会中具有相对同质性和持久性的群体。处于同一阶层的成员具有类似的价值观、兴趣爱好和行为方式，不同阶层的成员则在上述方面存在较大的差异。很显然，识别不同社会阶层的顾客所具有的不同的特点，对于很多产品的市场细分将提供重要的依据。

（2）生活方式因素。人们生活在不同的社会环境中，会逐渐养成不同的生活方式和价值观念，随着生活水平的不断提高，人们的生活方式也发生了明显的变化。

（3）性格因素。性格是人们的特有的心理特征，存在多种类型，性格的不同会导致消费者作出不同的反应，不同性格的消费需求特点参见表 3–2。

表 3–2　不同性格的消费需求特点

性格	消费需求特点
习惯型	偏爱、信任某些熟悉的企业或品牌，消费时注意力集中，目的性强，反复购买
理智型	不易受广告等外来因素影响，消费时头脑冷静，注重对企业或产品的了解和比较
冲动型	容易受信息或企业、产品的外表或促销的刺激而产生消费，对企业或产品的评价以直观为主，在消费前并没有明确目标
想象型	感情丰富，善于联想。重视产品的外观及品牌，以自己丰富的想象力去联想产品的意义
时髦型	易受相关群体、流行时尚的影响，以标新立异、赶时髦为荣，消费时注重引人注意，或显示身份和个性
节俭型	对产品的价格比较敏感，力求以较少的投入换来更多的利益，消费时精打细算，习惯讨价还价

3.1.3　通过市场细分策划发现市场机会

STP 策划在市场营销策划体系中占有重要的地位。首先，要根据前面的市场调研策划，对整个市场营销环境进行梳理，并根据竞争对手和市场环境的变化，对市场进行创造性的细分，从而发现市场机会。然后，明确目标市场并确定进入目标市场的次序，进行目标市场策划策略的运用。完成了这些工作之后，再进行具有鲜明特色的市场定位，从而在市场中脱颖而出。市场营销策划是科学、系统工程，STP 策划既是对前面工作的总结和升华，又是后续 4Ps 策划的方向。下面详细介绍如何通过市场细分策划发现市场机会。

市场细分的方法通常有单一因素细分法、综合因素细分法和系列因素细分法。这些细分方法是运用具体的细分标准而形成的结果。如何选择细分标准决定了市场细分的价值，细分标准的选择和细分方法的运用，就是市场细分策划的核心要领。寻找有价值的细分标准并进行市场细分策划的过程可以包含如下几个步骤：

1. 分析市场，明确标准

市场细分的标准

市场细分策划的一个重要目的就是找到未被领导品牌占领的市场，从而发现市场机会。分析市场中主要领导品牌的共性特征和目标市场，明确领导品牌的细分标准。明确领导品牌的目标市场，是市场细分策划的起点，也是对市场调研策划结论的运用。

2. 提炼领导品牌的共性特征

分析市场主要领导品牌的共性特征，可以为后续的差异化目标市场细分和差异化定位提供基础。这种差异化也是STP策划的重要目标。

3. 分析可突破的共性特征

突破领导品牌的共性就是为了实现差异化。这个操作步骤也是市场细分策划的目标要求所在，市场细分策划的一个重要目标就是发现市场机会，如果企业通过市场细分策划发现的市场都是被领导品牌占领的，那就失去了市场细分策划的价值。突破领导品牌的共性，就是要为寻找未被领导品牌占领的市场打下坚实的基础。

4. 提炼市场细分标准

以这些可以被突破的共性特征提炼有价值的细分标准。能够提炼出有价值的细分标准是市场细分策略的核心工作；能够细分出未被领导品牌占领的细分标准，则具有重要的价值。

5. 运用恰当的细分方法进行市场细分

企业可以采用单一因素细分法、综合因素细分法和系列因素细分法，进行有效的市场细分，并细致地描绘出各个细分市场。

6. 合理评价各个细分市场，发现市场机会

运用有价值的细分标准和合理的细分方法，就可以将整个市场完整地呈现出来，一目了然地看到哪些细分市场具有好的市场机会，进而更加明确目标市场，为市场扩张奠定基础。

3.2 目标市场策划

3.2.1 评估细分市场

企业要确定目标市场，就必须解决如何评估不同细分市场的价值问题。很明显，并非所有的细分市场都会成为企业的目标市场。

一般来说，评价细分市场的指标至少应该包括以下几个方面。

1. 市场规模

细分市场要有一定的市场规模，这是企业决定是否进入该细分市场的主要因素。

2. 市场增长率

市场增长率是指企业在某一细分市场上、在一定时期内的销售额或利润额增长的百分比。

3. 市场吸引力

一个具有适度规模和良好潜力的细分市场，如果存在所需的原材料被一家企业垄断、退出壁垒很高、竞争者很容易进入等问题，它对企业的吸引力就会大打折扣。因此，对细分市场的评价除了要考虑其规模和发展潜力，还要对其吸引力做出评价。

4. 符合企业的目标和能力

理想的目标市场，还必须结合企业的经营目标与能力来考虑。某些细分市场也许有较大的吸引力，但不符合企业的长远目标，甚至分散企业的精力，使其无法完成主要目标。

同时，企业还必须考虑自身是否拥有在该市场获胜所需的技术和资源。无论在哪种细分市场，企业要在其中取得成功，都必须具有某些技术和资源条件。如果企业预估在该市场中可能不具有这些条件，则不宜贸然进入。

3.2.2 目标市场选择策略

目标市场是企业打算进入的细分市场，或打算满足的具有某一共同需求的顾客群体。企业在选择目标市场时有五种可供选择的模式，参见图 3-1。

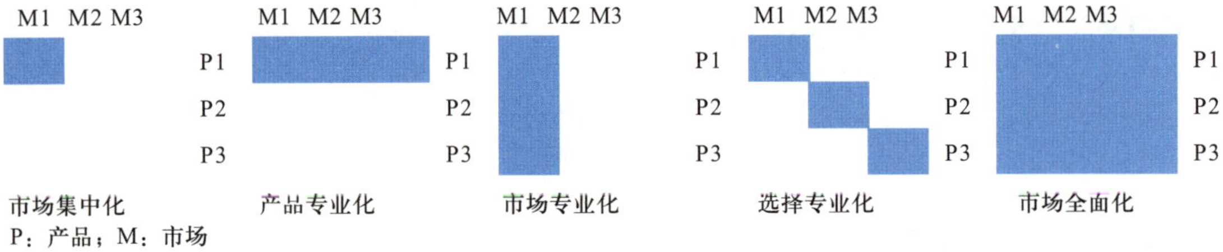

图 3-1　目标市场选择策略

目标市场的选择方式

1. 市场集中化

企业只选择一个细分市场，并且只生产一种产品，满足一个细分市场的需求。例如，某服装生产企业只选择儿童服装市场，并且只生产儿童服装中的某一品类。

单一的市场集中化模式使企业能够集中力量，在一个细分市场上获得较大的市场占有率，而不是在较大市场上占有较低的市场份额。但是，这种模式风险较大。由于目标市场范围狭窄，一旦市场情况突然变坏，如顾客偏好发生转移，价格猛跌，或者出现强有力的竞争者等，企业就可能陷入困境。

2. 产品专业化

企业只生产一种产品，向各类顾客销售。例如，某冰箱生产厂家同时向来自家庭、科研单位实验室、饭店餐馆的顾客销售冰箱，但并不生产他们需要的其他电器。这种模式不仅可以分散风险，利于企业发挥生产、技术潜能，而且可以在某个产品领域树立较高的声誉。该模式通常出现在单一市场选择策略之后。

3. 市场专业化

企业面对一个细分市场生产、经营消费者所需的各种产品。这样可以分散风险，并在相关的一类顾客中树立良好声誉。例如，许多电器厂家，专门生产各种家用电器，从电冰箱、洗衣机到电视机、录像机和家庭组合音响，应有尽有。市场专业化经营的产品类型众多，能有效地分散经营风险。但是，由于集中于某一类顾客，一旦这一类顾客购买力下降，或减少在这方面的开支，实行这种策略的企业收益就会下降。

4. 选择专业化

企业选择若干个细分市场为目标市场，其中每个细分市场都能提供有吸引力的市场机会，但是彼此之间很少或根本没有任何联系。实际上这是一种多元化经营的模式，可以较好地分散企业的风险。即使企业在某个细分市场失利，也能在其他细分市场得到弥补。采用选择专业化模式的企业应具有较强资源和营销实力。

5. 市场全面化

企业生产一种或多种产品，满足市场上所有顾客群体的需求，以期覆盖整个市场。实力雄厚的大企业通常会选用这种模式。例如，比亚迪汽车公司在新能源汽车市场上采用的便是这种目标市场策略。

【策划解码】

专精特新企业的精准目标市场

背景与情境：

党的二十大报告提出，“坚持把发展经济的着力点放在实体经济上，支持专精特新企业发展，推动制造业高端化、智能化、绿色化发展。”专精特新企业，是指专业化、精细化、特色化、新颖化的企业，它们通常专注于一个或几个细分市场，通过创新能力和关键核心技术来满足目标市场的需求，进而形成竞争优势。

某机器人扫地机品牌以海外中高端消费群体为目标市场，经过调研发现，海外家庭在打扫时的痛点是宠物毛发处理和地毯清洁，所以该品牌把无缠绕扫地机器人扫地机作为主打产品，满足了目标市场的需求。该品牌通过社交媒体分享产品体验，直观地展现产品的细节，无论是颜色和大小，还是使用功能，都会完整地呈现给用户。这激发了用户的购买欲望，增强了品牌推广效果，提高了市场竞争力，还吸引了全球主流媒体的关注和报道。经过多年的努力，该品牌成为专精特新企业高质量发展的典范。

问题：如何理解专精特新企业与目标市场策划的关系？

分析提示：精准选择目标市场对于中小企业具有特别重要的意义，从该案例可以看到，企业应当合理地进行市场细分，并力图在某一个或者某几个有关联的细分市场及目标市场中寻求发展的空间。

3.2.3 目标市场营销策略

目标市场营销策略通常有以下三种形式：

1．无差异营销策略

又称无差异目标市场策略。这种策略着眼于满足整个市场的共同需要，舍弃细分市场中的某些差异；以整个市场为目标市场，推出一种产品，以一种市场营销组合力求满足整个市场的某种需求。

这种策略最大的优点是生产集中，品种单一，批量大，生产成本很低；其所面对的市场选择能力不强，不需大量广告宣传，因而营销费用相对较少。例如，美国的可口可乐公司，由于拥有世界性的专利，在相当长的一段时间内仅生产一种口味、一种规格和包装形状的瓶装可口可乐，来满足世界各地消费者对该种饮料的共同需求。

但是，如果在同一细分市场上有多家企业都采取无差异营销策略，必将导致竞争日趋激烈，也会给企业带来较大的风险。

2．差异性营销策略

又称差异性目标市场策略。这种策略通过市场细分，选择几个子市场为目标市场，并针对每个子市场的不同需求特征，设计不同的产品并采用几种不同的营销组合。例如，在饮料市场竞争激烈的压力下，可口可乐公司改变了原来的目标市场策略，针对各地区消费者的不同口味、消费习惯等特征，设计出不同的饮料，并采用不同形状、大小的容器包装；针对各地区消费者的文化习惯设计出不同的广告形式和广告用语，以此巩固它在世界饮料市场的领先地位。

这种策略的优点在于符合不同消费者的需求，增加了销售机会，有利于市场拓展。可以使企业在几个细分市场同时占据优势，提高企业声誉，树立企业的良好形象，从而有利于在竞争中夺取更大的市场占有率。这种策略的缺陷是同时经营几个细分市场，会使企业资源过于分散，从而失去竞争优势。这种策略会导致生产成本和营销费用的增加，降低营销活动的经济效益。

3．集中性营销策略

一般也称为密集性目标市场策略。对一些资源条件较弱的小企业，其市场营销决策者的指导思想是：与其在一个大市场或几个细分市场上占有一个小份额，不如在一个细分市场中占有大份额。因此，选择一个细分市场为目标市场，集中企业的资源，实行专业化经营。

采用这种策略可为企业带来的好处有：① 由于集中经营，对目标市场的需求调研也可较为深入，从而采取针对性较强的营销手段，使企业在这一细分市场中占据有利地位。② 集中经营中专业化程度的提高可降低产品生产成本和营销费用。③ 可使企业对自己产品的质量实现精益求精，有助于提高产品品牌和企业的声誉。

但是，这种策略选择的市场较为狭小，风险也较大。市场需求发生变化、竞争者的出现都可能导致目标市场收益的滑坡。为此，企业可同时选择几个很少联系，甚至根本没有任何联系的细分市场作为目标市场，实施集中性与差异化相结合的营销方式。这样，当某一目标市场失去吸引力时，企业仍能从其他目标市场上获利。

对比上述三种策略，前两种是以整个市场为目标，以满足整个市场的共同需求或几种不同的需求为指导思想。而最后一种则是以一个或几个细分市场为目标市场，满足一小部分需求为指导思想。

3.3 市场定位策划

3.3.1 市场定位的概念

市场定位是企业为其产品或企业创造一定的有别于其他产品或企业的特色，努力使自己的产品或企业在消费者的心目中树立良好的市场形象的过程。靠特色吸引消费者，靠形象形成企业的竞争优势，这是市场定位的精髓，也是企业竞争的有力武器。这种特色和形象可以是实物方面的，也可以是心理方面的，或者两方面兼而有之。

3.3.2 市场定位的步骤和方法

1. 市场定位的步骤

市场定位可以通过以下三个步骤来实现：

（1）识别潜在竞争优势。识别潜在竞争优势是市场定位的基础。通常企业的竞争优势表现在两方面，即成本优势和产品差别化优势。成本优势是企业能够以比竞争者低廉的价格销售相同质量的产品，或以相同的价格水平销售更高质量的产品；产品差别化优势是指产品独具特色的功能和利益与顾客需求相适应的优势。

为完成此步骤，企业首先必须进行规范的市场调研，切实了解目标市场需求特点以及这些需求被满足的程度。这是能够取得竞争优势，实现产品差别化的关键；其次，要研究主要竞争者的优势和劣势，知己知彼，方能战而胜之。

（2）定位企业核心竞争优势。核心竞争优势是与主要竞争对手相比，企业在产品开发、服务质量、销售渠道、品牌知名度等方面所具有的可获取明显差别利益的优势。企业应把自己的全部营销活动加以分类，并将主要环节与竞争者的相应环节进行比较分析，以识别和形成核心竞争优势。

（3）制定发挥核心竞争优势的策略。企业在市场营销方面的核心能力与优势，不会自动地在市场上得到充分的表现，必须通过制定明确的策略加以体现。譬如，通过广告传导核心优势，逐渐形成一种鲜明的市场概念，这种市场概念能否成功，取决于它是否与顾客的需求和追求的利益相吻合。

【策划瞭望】

新生代消费者：重塑市场定位的先锋力量

随着“00后”“10后”新生代消费者的崛起，企业市场定位策略正面临着重大转型。新生代消费者具有如下特点：

（1）互联网原住民。这一代人成长于互联网和智能手机的普及之中，对网络文化有着天然的亲和力。他们对网络广告和营销策略有着敏锐的洞察力，对商业行为表现出高度的包容性。

（2）二次元文化热衷者。动漫、漫画、游戏等二次元文化在他们中极为流行。他们不仅热爱Cosplay和相关活动，更是国风潮流的推动者，热衷于将传统文化与现代元素创新结合，为传统艺术注入新的活力。

（3）社会责任的践行者。新生代消费者具有强烈的社会责任感，追求个性化生活，强调自我价值的实现。他们积极参与社会公益活动，选择与个人兴趣相符的发展道路。

（4）高品质生活的推动者。他们追求良好的外在形象和高品质生活。从化妆、穿搭到健身、礼仪，他们对个人形象的打造极为重视，也把这种追求延伸到了虚拟世界中。

企业在定位时需把握新生代的这些特点，将传统与现代、线上与线下充分结合，融入科技与时尚元素，提供高品质且具有吸引力的产品与服务，满足他们对美和个性化表达的需求。

2. 市场定位的方法

在具体进行市场定位时，大致有以下几种方法可供选择。

（1）特色定位。特色定位即从企业和产品的特色上加以定位，如“正宗凉茶就喝加多宝”。

（2）功效定位。功效定位即从产品的功效上加以定位，如将“海飞丝”洗发水定位于“去头屑”。

（3）质量定位。质量定位即从产品的质量加以定位，如“好空调，格力造”。

（4）利益定位。利益定位即从顾客获得的主要利益上加以定位，如娃哈哈奶强调“喝了娃哈哈，吃饭就是香”。

（5）使用者定位。使用者定位即根据使用者的不同加以定位，如大疆无人机将产品定位为“航拍爱好者的旅行伴侣”。

（6）竞争定位。竞争定位即根据企业所处的竞争位置和竞争态势加以定位，如光大银行强调“不求最大，但求最好”。

（7）价格定位。价格定位即从产品的价格上加以定位，如格兰仕的定位是以低价格出售高质量产品。

市场定位的重要目的就是为本企业产品建立有别于竞争者的形象，其方法不局限于以上所列，只要能够在消费者心目中留下独特的感觉和印象，就达到了市场定位的主要目的。

3.3.3 市场定位与 USP

市场定位与 USP（Unique Selling Proposition，独特销售主张）是市场营销中两个紧密相关但又各有侧重的概念。它们共同作用于品牌的市场战略，帮助品牌在消费者心中建立独特且有价值的定位。

市场定位是企业通过一系列营销策略和活动，让其产品或服务在目标市场中占据一个明确的、有利的竞争位置。市场定位过程涉及对目标市场的选择、产品差异化，以及通过广告、公关和其他营销手段传递品牌价值的过程。市场定位的目的是在消费者的意识中创造出一种独特认知，使品牌在众多竞争对手中脱颖而出。

USP 指的是产品或服务相对于竞争对手所具有的独特优势或特征，它是吸引消费者的核心理由。USP 强调的是产品的独特价值，这种价值不但能够解决消费者的具体问题或满足特定需求，而且是竞争对手难以复制的。一个成功的USP能够激发消费者的兴趣，促使他们选择本企业产品。USP是实现市场定位的基础和核心，提供了市场定位策略的起点和依据，它帮助品牌确定自己在市场中的独特身份和价值主张。没有明确的USP，市场定位就缺乏方向和动力。

USP有助于差异化策略的实施。USP是差异化策略的核心，它使品牌能够在消费者的心智中占据一个独特的位置。市场定位就是围绕这个独特性展开，强调USP，让品牌与众不同。

USP有利于促销沟通。USP可以为促销指出沟通的方向，可以指导广告、促销和公关活动的内容和风格，确保所有信息都一致地传达出品牌的独特价值。

USP有助于促使消费者形成明确的市场定位认知。USP影响消费者对品牌的认知，通过持续的市场定位努力，USP逐渐转化为消费者心中的品牌定位，即品牌在消费者心智中的独特位置。

简而言之，USP为市场定位提供了独特价值的证明，而市场定位则是将USP转化为消费者心智中稳固位置的策略的实施过程。两者相辅相成，共同塑造了品牌在市场上的形象和竞争力。

【商道明灯】

将“奋斗者精神”融入品牌形象

背景与情境：作为中国建筑行业的领军企业之一，上海建工集团始终秉持“匠心独运、追求卓越”的企业精神，将“奋斗者精神”深度融入其品牌形象。

面对建筑行业日新月异的发展，上海建工集团倡导持续创新，不断探索新技术、新材料、新工艺，以适应市场变化。在工程施工中，它成功应用了自主研发的国内首台地墙钢筋笼焊接机器人，实现了成品地墙钢筋笼的工业化、自动化生产。这款焊接机器人被上海市认定为“上海市高新技术成果转化项目”。

上海建工集团通过一系列标志性工程，如上海中心大厦、国家会展中心（上海）等的建设，向世界展示了其卓越的工程质量和施工能力，树立了高品质的品牌形象。该集团员工，上海市“五一劳动奖章”获得者表示，作为一名技术产业工人，奋斗者精神就是在企业高质量发展过程中，坚持努力学习、提升技能，向成为专家型技术工人的目标前进，努力成为一名专家型技术产业工人。

问题：“奋斗者精神”有何重要意义？

分析提示：上海建工集团将“奋斗者精神”融入品牌形象，这种精神不仅激励着每一位员工不断超越自我，也为上海建工赢得了市场的认可和尊重。对于企业和员工个人而言，都需要发扬“奋斗者精神”，努力拼搏，不断精进。

学习训练

▲ 单选题

1. 市场机会是指（　　）。

A. 产生一种新产品　　B. 促销带来销量的提高

C. 销售范围的扩大　　D. 产生新的有待满足的需求

2. 市场细分是（　　）

A. 对竞争对手的划分　　B. 对产品的划分

C. 对消费者的划分　　D. 对资金配置的划分

3. 目标市场选择策划就是（　　）。

A. 只选择一个细分市场即可

B. 选择所有细分市场

C. 选择一个或几个细分市场

D. 一定要同时进入所选择的细分市场

4. 市场定位的第一个步骤是（　　）。

A. 定位企业核心竞争优势

B. 识别潜在竞争优势

C. 制定发挥核心竞争优势的策略

D. 传播并送达选定的市场定位

5. USP 的优势不包括（　　）。

A. 有助于差异化策略的实施

B. 有利于促销沟通

C. 有利于市场调研的实施

D. 有助于促使消费者形成明确的市场定位认知

▲ 多选题

1. 依据消费者行为因素进行市场细分包括（　　　　）。

A. 购买习惯　　B. 利益因素

C. 顾客状况　　D. 品牌忠诚度

2. 市场定位的方式不包括（　　　　）。

A. 地域定位　　B. 收入定位

C. 文化定位　　D. 个性特点

3. 以下选项中，属于有效市场细分的有（　　　　）。

A. 将食盐市场划分为黑头发人群和红头发人群

B. 将运动鞋市场划分为儿童、少年、青年、中年和老年

C. 将辣椒酱市场划分为西南市场、华南市场、华中市场和东北市场

D. 将酒店市场划分为经济型人群、中端人群和高端人群

4. 市场细分的方法包括（　　　　）。

A. 单一因素细分法　　　　B. 系列因素细分法

C. 综合因素细分法　　　　D. 主导因素二分法

5. 目标市场选择策划包括（　　　　）。

A. 只选择一个细分市场即可

B. 选择所有细分市场

C. 选择一个或几个细分市场

D. 一定要同时进入所选择的细分市场

▲ 判断题

1. 企业如果进行市场细分，将失去很多市场。（　　）

2. 市场机会对于所有企业都是公平的，因此，企业可以选择任意市场机会。（　　）

3. 市场定位就是企业选择与竞争对手不同的细分市场。（　　）

4. 只要市场细分完成，就可以不加评判，选择其中一个目标市场。（　　）

5. 只要能够在消费者心目中留下独特的感觉和印象，就达到了市场定位的主要目的。（　　）

▲ 案例分析

创新驱动，科技赋能，树立国货品牌新形象

背景与情境：

创新驱动与科技赋能是当前国货品牌转型升级、树立新形象的关键驱动力。面对全球化竞争和消费升级的趋势，国货品牌正在利用科技创新来重塑品牌形象。

国货品牌不断加大研发投入，利用新材料、新技术、新工艺，开发出更符合消费者需求、更具竞争力的产品。例如，某家电品牌通过智能

互联技术，推出智能冰箱、智能洗衣机等产品，提升用户体验；某手机品牌则通过5G、AI等新技术，推动智能手机的创新，满足用户对智能生活的需求。

国货品牌将科技元素融入品牌文化，树立全新品牌形象。例如，某运动品牌利用大数据和人工智能技术参与产品设计和用户体验，将碳核芯、最速曲线系统等独有创新科技应用于运动装备的研发中，提升运动装备的性能，在品牌宣传中强调科技改变生活的愿景，吸引追求科技感的年轻消费者。

国货品牌正在以科技创新为核心，不断突破自我，树立起新的品牌形象，赢得国内外消费者的认可和喜爱。

问题：

（1）结合本案例分析，环境的变化对市场定位有哪些影响？

（2）试从市场定位的角度解读，国货品牌为什么要不断地进行科技创新呢？

分析提示：

同项目一本题型的分析提示。

▲ 策划演练

奶制品市场细分策划

试对奶制品市场进行市场细分策划，发现市场机会。

实训目标：

（1）帮助学生理解和掌握市场细分策划的基本技能。

（2）强化市场细分策划过程的演练，培养市场细分策划的创造性思维。

实训要求：

（1）正确运用市场调研策划的结论，按照市场细分策划的流程逐步提炼出有价值的市场细分标准。

（2）正确运用市场细分方法，准确描述各个细分市场。

（3）教师需提供一个完整规范的“市场细分策划报告”范例，供学生借鉴。

（4）教师对学生提供的“市场细分策划报告”进行指导、评价。

实训步骤：

（1）调研奶制品市场，对领导品牌的共性特征进行分析、提炼。

（2）分析共性特征的差异与突破点，确定市场细分标准，完成市场细分策划。

（3）撰写“奶制品市场细分策划报告”，评价奶制品市场中的市场机会，初步形成目标市场。

组织形式：

以班级学习小组为单位，每小组完成一份“奶制品市场细分策划报告”。

考核要点：

（1）准确运用市场调研策划的结果，为市场细分策划提供依据。

（2）正确运用市场细分策划的流程。是否能够通过市场细分策划，发现市场机会。

（3）市场细分策划报告的规范性。该策划报告是否结构清晰、内容完整、逻辑性强，并具有实际操作性。

项目四

产品与价格策划

学习目标

// 素养目标 //

- 弘扬执着专注、精益求精的工匠精神
- 自觉践行讲求信誉的职业操守
- 培养创造性思维，树立发展新质生产力的意识

// 知识目标 //

- 掌握产品组合、产品生命周期和产品整体概念
- 掌握品牌及其相关的重要概念和品牌策略
- 掌握价格策划的内容及其与产品组合策划的关联

// 技能目标 //

- 能够根据产品整体概念，有效进行产品分析
- 能够依据 STP 策划进行产品组合策划
- 能够基于综合情况，实施合理的价格策划

// 策划谋略 //

- 始于颜值，终于品质

思维导图

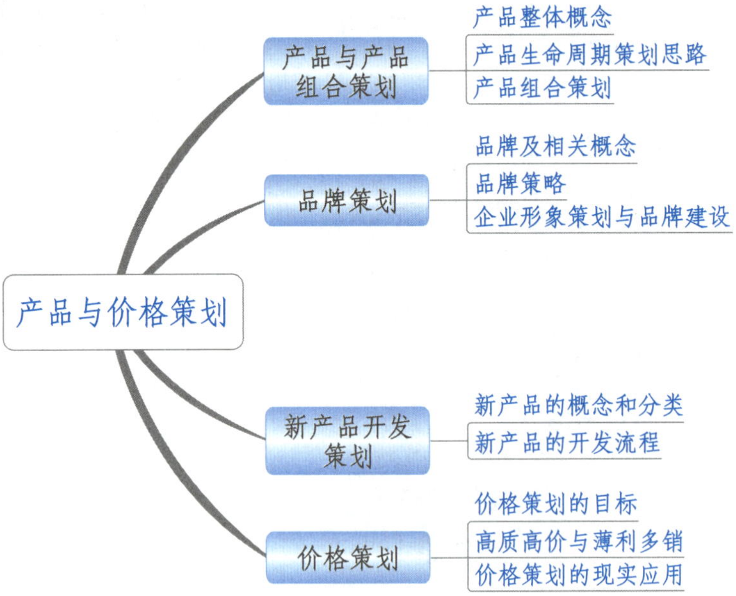

引例启思

广西横州：乡村振兴中“好一朵茉莉花”

“全球10朵茉莉花，有6朵来自广西横州。”广西横州创新实施茉莉花品牌战略，实现新时代乡村振兴。横州得天独厚的地理条件和悠久的茉莉花种植历史，使其成为广西最具价值的农产品品牌之一。

横州推广“好一朵茉莉花”品牌，为其制作slogan、标识、图腾和文化族谱，建成产业园品牌标识系统和品牌展示中心，不断将横州市茉莉花品牌做大做强，让藏在“深闺”的横州茉莉花走向全国，香飘世界。

横州茉莉花不断开拓市场空间，实施茉莉花“1+9”（茉莉花＋花茶、盆栽、食品、旅游、用品、餐饮、药用、体育、康养）产业集群发展战略；融合数字化优势，以数字技术赋能茉莉花产业，引领乡村振兴；积极借助“中国—东盟”博览会的平台，将茉莉花打造为“一带一路”开放合作的友谊信物、沟通桥梁，推动横州茉莉花这一品牌登上国际大舞台。

党的二十大报告指出，要“全面推进乡村振兴”“发展乡村特色产业，拓宽农民增收致富渠道”。引例中广西横州以“好一朵茉莉花”为产品策划的基础，不断拓展“1+9”产品组合，提升了农特产品的品牌价值，是产品策划的典范。本项目系统地阐述了产品与产品组合策划、品牌策划、新产品开发和价格策划等重要内容。

4.1 产品与产品组合策划

营销组合策划是市场营销策划的重要组成部分，它包括产品策划、价格策划、渠道策划和促销策划。其中，产品策划是价格策划、促销策划和渠道策划的重要基础。因为，消费者对企业的认可，需要通过企业的产品来实现。

4.1.1　产品的整体概念

人们通常理解的产品，是指具有某种特定物质形状和用途的物品，是看得见、摸得着的实物，这是一种狭义的定义。从市场营销策划的意义上讲，产品是指通过占有、使用或消费等手段，来满足某种欲望和需要而提供给市场的一切载体。它既可以是有形载体，也可以是无形载体。

产品是一个整体概念，产品整体概念包含核心产品、有形产品、附加产品和心理产品四个层次，参见图 4-1。

产品整体概念

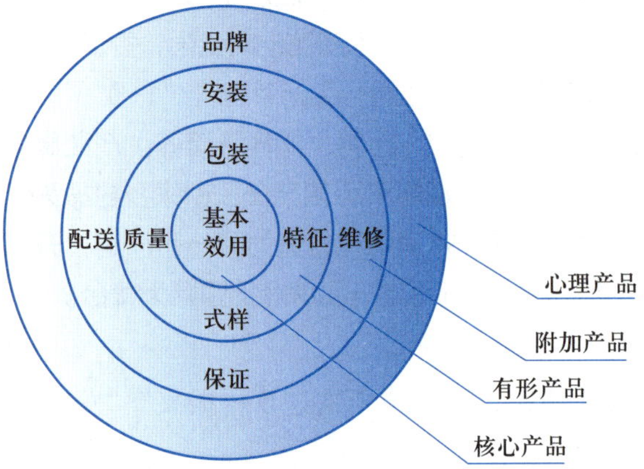

图 4-1　产品整体概念层次

1. **核心产品**

核心产品也称实质产品，是指消费者购买某种产品时所追求的利益。消费者购买某种产品，是为了获得该产品能满足某种需要的效用或利益。例如，消费者购买钻头，是为了获得钻头钻出的孔。因此，企业在进行产品策划时，应明确消费者所追求的核心利益，确定产品能提供的实质利益，提升产品的吸引力。

2. **有形产品**

有形产品是核心产品借以实现的形式，即向市场提供的实体和服务的形式。产品的基本效用必须通过某些具体的形式才得以实现。产品的有形特征主要指质量、式样、特征、包装等。例如，自行车的有形产品不仅是指自行车的骑行功能，还包括它的质量、造型、颜色等内容。营销策划者应着眼于顾客购买产品时所追求的核心利益，提供完美的有形产品，以求满足顾客需要。

3. **附加产品**

附加产品是指顾客购买有形产品时所获得的全部附加服务和利益，包括送货、保证、维修、安装等。消费者的目的是满足某种需要，所以他们希望得到与该种需要有关的一切载体。随着竞争的加剧，竞争不仅发生于各个公司生产什么产品，而且还发生于其产品能提供何种附加利益，例如，服务、广告、顾客咨询、融资、送货、仓储及具有其他价值的形式。

4. 心理产品

心理产品是指产品的品牌和形象提供给顾客心理上的满足。产品的消费是生理消费和心理消费相结合的过程。随着人们生活水平的提高，人们对产品的品牌和形象看得越来越重，所以它也是产品整体概念的重要组成部分。

心理产品层更好地满足了消费者的精神需求。通过对产品整体概念的理解，可以知道，消费者在消费一件商品时，不仅追求功能的满足，而且追求精神的满足。消费层次越高，对精神满足的追求通常就会越强烈。如果一件产品通过广告、材质、造型等营销手段的应用，塑造了良好的心理产品层，那么，该产品就会更好地满足消费者的精神需求。

心理产品层的塑造是区别于竞争对手的有力手段。随着竞争加剧、技术水平的提高，企业要维持产品功能的垄断变得越来越困难，这就迫使企业在产品整体概念中的心理产品层上做文章。通过恰当的营销手段使功能相似的产品在心理产品层上出现巨大差异，从而有效地与竞争对手区分开，以此获得竞争优势，并获取高额利润。

心理产品层的获得手段多种多样，其目的是营造消费者对该产品认知的差异。例如，通过广告，可口可乐、百事可乐分别塑造出经典与时尚的心理差别；也可以通过材质的不同来体现，同样的一把匙子，取材木头或金属，则分别代表了不同文化内涵，从而体现出心理差异。由此可见，心理产品层塑造的手段非常丰富。塑造不同的心理感受以满足不同精神追求，与竞争对手严格区别开来，是其主要的目的。

4.1.2 产品生命周期策划思路

1. 产品生命周期理论

产品生命周期是指一种新产品从开始进入市场到被市场淘汰的整个过程。典型的产品生命周期一般可以分成四个阶段，即导入期、成长期、成熟期和衰退期，参见图 4-2。

产品生命周期

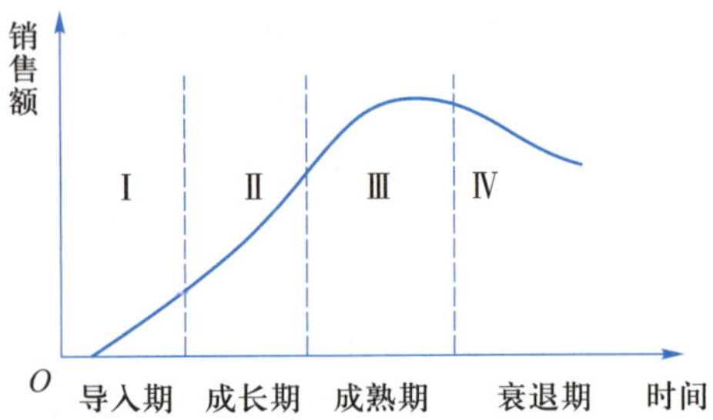

图 4-2　产品生命周期

（1）第一阶段：导入期。导入期是产品从设计投产到投入市场进行销售的阶段。在导入期，产品品种少，顾客对产品还不了解，除少数追求新奇的顾客外，几乎无人实际购买该产品。生产者为了扩大销路，不得不投入大量的促销费用，对产品进行宣传推广。该阶段由于生产技术方面的限制，产品生产批量小，制造成本高，广告费用高，产品销售价格偏高，销售量有限，企业通常不能获利，反而可能亏损。

（2）第二阶段：成长期。在成长期，产品试销效果良好，购买者逐渐接受该产品，产品在市场上站住脚并且逐渐打开了销路，这是需求增长的阶段。需求量和销售额迅速上升，生产成本大幅度下降，利润迅速增长。同时，竞争者看到有利可图，纷纷进入市场参与竞争，使同类产品供给量增加，价格随之下降，企业利润增长速度逐步减慢，最后达到生命周期利润的最高点。

（3）第三阶段：成熟期。产品成熟期是产品经过成长期之后，开始大批量生产并稳定地进入市场销售的时期。随着购买产品的人数增多，市场需求趋于饱和。此时，产品普及并日趋标准化，成本低而产量大。销售增长速度放缓直至转而下降。由于竞争的加剧，导致同类产品生产企业之间不得不加大在产品质量、花色、规格、包装服务等方面的投入，在一定程度上增加了成本。

（4）第四阶段：衰退期。在产品衰退期，产品进入了淘汰阶段。由于科技的发展以及消费习惯的改变等原因，产品的销售量和利润持续下降。产品在市场上已经老化，不能适应市场需求，市场上已经出现其他性能更好、价格更低的新产品，以满足消费者的需求。此时成本较高的企业就会因无利可图而陆续停止生产，直至该类产品最后完全退出市场。

（5）人工智能对传统产品周期的影响。人工智能会缩短传统产品的生命周期。首先，在产品的设计阶段，人工智能可以通过机器学习和深度学习算法，从大量数据中分析并预测出更加精准和富有创新性的设计方案，大大提高产品设计的效率，缩短导入期和成长期。

其次，在产品的销售和服务阶段，人工智能可以精准定位目标客户和市场，制定更加精准的市场营销和销售策略。同时，对于产品衰退期的预测更精准，使得企业能够主动应对，有效缩短衰退期。

最后，在产品的生产制造阶段，通过引入机器人和自动化设备，可以实现生产线的自动化和智能化管理，提高生产效率，减少错误和失误。此外，人工智能还可以通过智能监控、预测和维护等方式，确保生产过程的稳定性和可靠性，降低生产成本和风险。

企业要想使其产品有一个较长的销售周期，以便赚取足够的利润来补偿在推出该产品时所付出的成本，就必须认真研究和运用产品的生命周期理论。

2. 产品不同生命周期的市场营销策划思路

产品不同生命周期的市场营销策划思路，参见表 4–1。

表 4–1　产品不同生命周期的市场营销策划思路

产品生命周期	基本思路	具体策略	策略目的
导入期	快	先声夺人（高价高促）	树立品牌形象，赢得高消费人群的青睐
		密集渗透（低价高促）	应对潜在的激烈竞争，扩大市场规模
		愿者上钩（高价低促）	竞争、市场不大时赢得高消费群体
		以廉取胜（低价低促）	价格敏感、市场较大时扩大市场规模
成长期	好	树立品牌形象	树立品牌忠诚度
		开辟新市场	细分和扩大市场份额
		密集分销	扩大市场规模，降低生产成本
成熟期	改	改进产品	提高产品质量，增加产品品种，吸引新顾客
		改进市场	扩大市场规模，提高销量
		改进营销组合	保持市场占有率
衰退期	退	立即放弃	尽快转向新产品
		逐步放弃	逐步转向新产品
		自然淘汰	最大限度获取利润

对于处在生命周期不同阶段的产品，其策划的基本思路有所不同。产品导入期的基本策划思路是突出一个“快”字。在产品导入期，企业营销策划重点主要集中在促销与价格方面。

进入成长期，市场营销策划主要强调一个“好”字，即不断提高产品质量，改进服务，树立良好的企业及品牌形象，抓住难得的市场机会，扩大市场占有率。

在成熟期，策划人员应系统地考虑市场、产品和营销组合改进等主动进攻的策略。

衰退期是产品销售每况愈下的阶段，企业利润很低。越来越少的消费者会继续购买该产品，大部分消费者购买行为发生转移，竞争者大批退出市场。面临上述情况，可采取的策略主要是“退”字。

【策划解码】

从海尔电器到海尔智家的蜕变

背景与情境： 海尔是一家成立于 1984 年的知名公司，经过几十年的发展，海尔取得了令人瞩目的成就。面对新时代数字化、智能化的挑战，海尔及时转变，从一家传统电器制造商转变为智能家居智造者，创造全场景智能生活体验，满足用户定制美好生活的需求。

在全面向智慧家庭生态品牌转型的探索上，海尔智家打造强大的生态系统，形成像食联网、衣联网等生态品牌。它将“衣食住娱行”的各方资源在居住空间进行耦合，持续满足用户全周期生活需求，帮助用户实现一站式定制智慧家。例如，海尔衣联网连接了服装、家纺、洗衣液等 15 个行业的 5 300 余家生态资源方，仅在“洗衣”这一个高频用户行为上，就可以提供除菌、烘干、晾晒等用户需求要求的全链路服务。

问题： 试从产品生命周期理论分析海尔的品牌转型之路。

分析提示： 可根据产品周期的不同阶段和不同的营销策略进行分析。人工智能的发展为传统制造业提供了机遇与挑战，同时，也对产品生命周期策划提出了全新的课题。

4.1.3 产品组合策划

企业为了更好地满足目标市场的需要，分散经营风险，往往会生产经营多种产品。企业如何根据市场需要和自身能力，决定生产经营哪些产品，并明确各产品之间的配合关系，对企业的发展有着重要的影响，企业需要对产品组合进行研究和选择。

1. 产品组合及其相关概念

（1）产品组合，是指各种不同产品的全部产品大类、产品项目的组合。

（2）产品线，是指同一产品种类中具有密切关系的一组产品。它们以类似的方式起作用，或通过相同的销售网点销售，或满足消费者相同的需要。

（3）产品项目，是指一类产品中品牌、规格、式样、价格有所不同的每一个具体产品。

（4）产品组合四要素，它们分别为：

① 宽度，是指产品组合所包含的产品大类的多少。

② 长度，是指产品组合中所包含的产品项目的总和。

③ 深度，是指每类产品所包含花色、式样、规格的多少。

④ 关联性，是指一个企业的各个产品线在最终使用、生产条件、分销渠道和其他方面相互关联的程度。

2. 产品组合策略

市场需求和竞争形势的变化，会引起产品组合的变化，企业要对产品组合寻求一种动态平衡。产品组合动态平衡的形成需要综合性地研究企业资源和市场环境可能发生的变化、各产品项目或产品线的成长率、利润率、市场占有率将会发生的变化，以及这些变化对企业总利润率的影响。对一个产品项目或产品线众多的企业来说，这是一个非常复杂的问题，目前系统分析方法和人工智能相关算法的应用，已为解决产品组合最优化问题提供了良好的技术支持。

产品组合策略通常可分为四种：① 扩大产品组合策略，即开拓产品组合的宽度和加强产品组合的深度；② 缩减产品组合策略，即削减产品线或产品项目，特别是要取消那些获利小的产品，以便集中力量经营获利大的产品线和产品项目；③ 向上延伸策略，即在原有的产品线内增加高档次、高价格的产品项目；④ 向下延伸策略，即在原有的产品线中增加低档次、低价格的产品项目。四种策略的优缺点参见表 4–2。

表 4-2　产品组合策略分析

策略类型	优点	缺点
扩大产品组合策略	满足不同消费者的需要、提高占有率 完善产品系列、扩大市场规模 分散经验风险	不利于专业化 投资水平较高
缩减产品组合策略	集中企业的有限资源 有利于生产的专业化 提高单个产品的生产效率和质量	选择不当易加大经营风险 不能满足不同消费者的需要
向上延伸策略	提高企业的整体形象 获得较高的利润 提高企业的技术和管理水平	企业的固有形象不易改变 投资水平较高
向下延伸策略	可借助原有的品牌形象 增加销售额、扩大市场占有率 完善产品系列	处理不当会影响原有的好品牌形象

4.2 品牌策划

随着竞争的加剧和科学技术的发展，产品同质化程度越来越高。竞争的层次逐步由产品实物形态的竞争过渡到产品所附着的文化和精神层次的竞争，而品牌恰恰是产品精神和文化的很好载体，于是品牌策划就成为市场营销策划中的重要一环。

4.2.1　品牌及其相关概念

1. 品牌的概念

品牌是一种名称、术语、标记、符号或图案，或是它们的组合，用以识别企业提供给某个或某群消费者的产品或服务，并使之与竞争对手的产品或服务相区别。通过品牌，人们可以获得很多关于产品和企业的信息，但是品牌往往是一个更为复杂的符号标志，它能表达六层意思：

（1）属性。一个品牌首先给人带来特定的属性。例如，某品牌汽车代表安全、工艺精良和耐用。

（2）利益。属性需要转换为功能和情感利益。例如，属性“安全”可以转化为功能利益——“这车可以使我免受伤害。”属性“耐用”意味着“我可以开很长时间而不必担心车子损坏”。

（3）价值。品牌还体现了该制造商的某些价值观。例如，某品牌汽车体现了公司对生命的呵护。

（4）文化。品牌可以象征一定的文化。例如，某品牌汽车代表了以人为本的生活理念。

（5）个性。品牌还代表了一定的个性。例如，某品牌汽车可以使人想起一位高效率又对生活充满热情的人。

（6）使用者。品牌还体现了购买或使用这类产品的是哪一种消费者。例如，某品牌汽车使用者通常是严谨而热情的。

2. 与品牌相关的概念

（1）品牌符号。品牌符号是区别产品或服务的基本手段，包括名称、标志、标准色、口号、象征物、代言人、包装等。这些识别元素形成一个有机结构，能够对消费者产生影响。品牌符号是形成品牌概念的基础，成功的品牌符号是企业的重要资产，在品牌与消费者的互动中发挥作用。

（2）品牌形象。品牌形象是指消费者基于能接触到的品牌信息，经过自己的选择与加工，在大脑中形成的有关品牌的印象总和。

（3）品牌文化。品牌文化是指品牌在经营中逐步形成的文化积淀，代表了企业和消费者的利益认知、情感归属，是品牌与传统文化以及企业个性形象的总和。

（4）商标。商标是一种法律用语，是具有显著特征的标志。商标由文字、图形或者其组合构成。

在商标右上角加注®，是“注册商标”的标记，表示该商标已在国家商标局进行注册申请并已经由商标局审查通过，成为注册商标。®中的 R 是英文单词注册（register）的开头字母。注册商标具有排他性、独占性、唯一性等特点，由注册商标所有人所独占，受法律保护，任何企业或个人未经注册商标所有权人许可或授权，不可自行使用，否则将承担侵权责任。

在商标右上角加注的 TM 也是商标标记符号，但不一定已经注册。TM 是英文单词商标（trademark）的缩写。与®不同，TM 表示的是该商标已经向国家知识产权局商标局提出申请，并且国家商标局也已经下发了“受理通知书”，进入了异议期，这样就可以防止其他人提出重复申请，也表示现有商标持有人有优先使用权。

商标与品牌既有密切联系又有所区别。严格地说，商标是一个法律名词，而品牌是一种商业称谓，品牌要注册成商标，必须具备法律规定的条件。

4.2.2 品牌策略

品牌是消费者识别与选择产品的重要依据，对于企业的营销工作非常重要。随着传播的去中心化，企业的品牌策略也在发生着深刻的变化。

1. 企业常用的品牌策略

（1）统一品牌策略。使用同一品牌名称推广所有产品，有助于创建统一的品牌形象和企业识别系统。此策略可以节省营销成本，同时企业宣传介绍新产品的费用开支也相对较低，有利于新产品进入市场。

（2）多品牌策略。同一公司拥有多个独立品牌，每个品牌针对不同的细分市场或消费者群体。此策略可以满足不同消费者的需求和偏好，但增加了管理和营销的复杂性。

（3）品牌延伸策略。将品牌应用于新的产品类别，例如，从饮料延伸到食品或服装。成功的品牌延伸可以增加品牌价值，但若操作不当，则可能稀释品牌的核心价值。

（4）品牌联合策略。两个或更多个品牌合作，共同推广一个产品或服务。此策略可以结合各自的品牌优势，吸引更广泛的消费者群体。

（5）品牌定位策略。基于其产品特性、消费者需求和市场竞争情况，确定品牌在消费者心中的独特位置。有效的定位策略有助于区分品牌与竞争对手。

每种品牌策略都有其优势和潜在风险，企业应根据自己的市场目标、资源和品牌愿景来选择最适合的品牌策略。

2. 传播去中心化对品牌策略的影响

在传统媒体时代，信息传播往往是中心化的，由专业的媒体机构和从业人员掌控信息传播的内容、方式和渠道。传播去中心化是指在信息传播系统中不存在一个具有绝对权力的中心节点，而是所有的节点都可以随时发表观点、传播信息。在传播去中心化后，消费者不仅是信息的接收者，也是信息的创作者和传播者，KOL、KOC 等主体成为品牌传播的重要节点。当前，传播的去中心化对品牌策略产生了多方面的影响。

（1）品牌不再依赖传统的广告传播方式，而是可以通过多种渠道和方式进行传播。例如，品牌可以通过社交媒体、短视频、直播等形式与消费者进行互动和交流，从而更好地了解消费者的需求和反馈，提升品牌知名度和美誉度。

（2）品牌能够与消费者直接沟通。通过社交媒体等渠道，品牌可以迅速传达自己的信息和理念，并与消费者进行直接的互动和交流，从而提高品牌的影响力和竞争力。品牌需要更加注重与消费者的情感连接，通过品牌故事讲述、价值观传递等方式与之建立深度联系。品牌可以打造自己的 IP，通过内容营销吸引和维持粉丝群体。高质量的内容成为吸引和保持受众的关键，品牌需要更加关注内容创新和差异化。

（3）品牌能够更精准地触达目标受众，通过人工智能技术辅助，向受众推送更加个性化的内容，提高营销效果。品牌可以通过对目标受众的深入了解和分析，制定更加精准的市场营销策略和传播方式，从而更好地满足消费者的需求和期望，提升品牌忠诚度和偏好度。

（4）品牌更加注重用户体验、情感共鸣和内容价值，同时也需要具备高度的灵活性和创新能力，以适应不断变化的营销环境。

【策划解码】跨界联名巧策划

背景与情境：在竞争激烈的咖啡市场中，瑞幸咖啡一直凭借创新营销策略脱颖而出，其与游戏《黑神话：悟空》的联名合作堪称范例，不仅成功吸引大量消费者目光，更为品牌注入新活力，实现互利共赢。

《黑神话：悟空》作为备受瞩目的国产 3A 游戏大作，凭借精美的画面、深厚的文化底蕴以及独特的游戏玩法成功“破圈”，深受年轻群体喜爱。瑞幸咖啡则致力于拓展年轻消费市场，通过与热门 IP 联名提升品牌影响力与产品销量。双方目标受众高度重合，为此次合作奠定坚实基础。

瑞幸推出特调饮品“云游美式”，这款饮品在口味上精心调配，融入独特风味，与游戏中悟空云游四海的潇洒形象相呼应，为消费者带来全新味觉体验。同时还设计了一系列极具创意的周边，如印有《黑神话：悟空》经典角色与场景的杯套、手提袋等。杯套上悟空挥舞金箍棒的图案栩栩如生，手提袋则采用游戏中的古风元素，这些周边不仅实用，更成为消费者拍照分享的热门道具，有效提升品牌曝光度。

此次联名活动使瑞幸在年轻消费群体中的知名度与好感度大幅提升。许多原本不常购买瑞幸咖啡的游戏爱好者，因联名活动成为瑞幸新客户，为品牌后续发展积累大量潜在消费者。同时，《黑神话：悟空》也借助瑞幸的线下门店与线上渠道，实现了进一步破圈传播。

问题：瑞幸采用了什么品牌策略？有什么启示？

分析提示：瑞幸采用了品牌联合策略，通过联名《黑神话：悟空》展示了跨界合作的价值和潜力，这不仅是对传统与现代、东方与西方文化融合的一次探索，也是对品牌创新和市场拓展的一次成功实践。

4.2.3 企业形象策划与品牌建设

企业形象策划又称企业识别系统（Corporate Identity System，CIS），是运用统一的识别设计来传达企业特有的经营理念和活动，从而提升和突出企业形象，使企业形成自己内在独特的个性，最终增强企业整体竞争力。企业形象策划是品牌建设的重要组成部分，企业识别系统的建立可以对品牌形象起到立竿见影的效果。

1. 企业形象策划的组成部分

企业形象策划的直接目标是塑造统一的系统的企业形象，突出企业自身特点。企业形象策划的最终目标是通过树立统一化的企业形象，从而提高企业的整体竞争力。它由以下三个方面的要素构成：理念识别（Mind Identity，MI）、行为识别（Behavior Identity，BI）和视觉识别（Visual Identity，VI）。

2. 企业形象策划中的理念识别系统

理念识别是企业识别系统的精神内涵，是企业文化的经典概括。企业理念识别相当于企业的“脑”，用以规范企业日常的行为和管理，指导企业长远的发展。

企业的经营理念要反映企业存在的社会价值、企业追求的目标以及企业经营的基本思想。企业理念识别要准确、富有个性、表达简洁独到，这样才具有识别性。例如，某餐饮品牌的理念识别是Q、S、C、V。字面上的意思是质量（quality）、服务（service）、清洁（clean）和价值（value），四个字母概括了企业对全社会的承诺。它只要开业经营，就必须在任何情况下向顾客提供高质量的食物、良好的服务、洁净整齐的用餐环境，并且要物有所值。企业的经营管理模式、各项规章制度、对食物的科学配方及制作规程等均以此为指导；其视觉识别系统也是这一经营理念的具体体现，这一理念成为全体员工上下一致奉行的准则。

3. 企业形象策划中的行为识别系统

企业行为识别是企业在内部协调和对外交往中应该遵守的规范性准则，这种准则具体体现在全体员工的日常行为中。员工的行为举动应该是一种企业行为，能反映出企业的经营理念和价值取向，而不是独立的随心所欲的个人行为。企业的行为识别是企业处理和协调人、事、物的动态运作系统，是一种动态的识别形式，它通过各种行为或活动执行和实施企业理念。

4. 企业形象策划中的视觉识别系统

视觉识别是企业所独有的一整套识别标志，是企业理念识别的外在的、形象化的表现。视觉识别系统由两大要素组成，一是基础要素，包括企业名称、企业标志、标准字体、企业标准用色等内容；二是应用要素，即上述要素经规范组合后，在企业各个领域中的展开运用。诸如办公用品、建筑及室内外环境、衣着服饰、广告宣传、产品包装、展示陈列和交通工具等。

【策划瞭望】

AI 产品生态圈与产品组合策划

AI 产品生态圈是指围绕人工智能技术构建的一系列相互关联的产品和服务。这个生态圈通过基础技术平台、应用软件、工具、数据集、开发者工具包、API 接口以及其他增值服务实现万物互联。

AI 产品生态圈与产品组合策划的结合，是企业利用人工智能技术，通过产品组合策划树立竞争优势的重要途径。

构建 AI 产品生态圈与产品组合策划密切相关。生态圈构建可以促进产品组合多样化。通过建立一个开放且丰富的 AI 产品生态圈，企业可以有效提升协同效应。通过精心设计的产品组合策划，企业可以最大化生态圈内各产品间的协同效应，提升整体竞争力。例如，某智能家居生态圈通过完整的产品线和丰富的应用场景树立核心竞争优势，从智能门锁、智能摄像头到智能灯泡、智能插座，几乎涵盖了智能家居的各个方面。

又如，AI 照明系统、AI 安防系统、AI 环境系统、AI 娱乐系统等，以其丰富的产品组合，为消费者带来了前所未有的智能生活体验，也给企业带来了广阔的市场前景。

4.3 新产品开发策划

新产品的开发过程是指从创意产生、创意评价发展到最终产品成形的过程。

4.3.1 新产品的概念和分类

1. 新产品的概念及无形产品的创新

（1）新产品的概念。从市场营销的角度看，凡是企业向市场提供没有出现过的产品都叫新产品。具体地说，新产品是产品整体概念中的任何一部分的变革或创新，并且给消费者带来新的利益、新的满足的产品。

（2）无形产品的创新。无形产品是生产出来用于市场交换的非物质类产品的总称。它是相对于有形（物质）产品而言的，包括技术、教育、旅游、金融保险、通信信息、文化、体育、娱乐、医疗保健、健身休闲、中介服务、社区服务等众多的产品。无形产品主要来自第三产业，其发展与第三产业的发展息息相关。当前，无形产品的创新速度要远远超出传统产品的创新，尤其在数据类无形产品的创新上体现得更为充分。

数据类无形产品的创新主要体现在：数字内容的创新，包括数字音乐、电子书籍、电影、电视剧、网络课程等内容的创新；云服务的创新，包括云存储、云计算、云安全的创新等；电子商务服务形式的创新，包括网上购物、在线支付、拍卖、团购、直播等形式的创新。

2. 新产品的分类

市场营销意义上的新产品含义很广，除因科学技术在某一领域的重大发现所产生的新产品外，在生产销售方面，只要产品在功能或形态上发生改变，与原来的产品产生差异，甚至只是产品从原有市场进入新的市场，也可视为新产品；在消费者方面，新产品则侧重指能进入市场给消费者提供新的利益或新的效用而被消费者认可的产品。

一般可以将新产品分为全新产品、改进型新产品、模仿型新产品、形成系列型新产品、降低成本型新产品和重新定位型新产品等不同类别。

4.3.2 新产品的开发流程

1. 传统有形新产品的开发流程

新产品开发往往伴随较大的风险，所以传统有形新产品有着严谨的开发流程。它起源于产品创意。产品创意很多，其中有些不具有开发的可行性，所以要先对这些创意进行筛选，这就是新产品开发的第二步创意筛选。通过筛选的产品创意还是非常模糊和抽象的，要形成产品概念。产品概念是指用文字、图像、模型等对产品进行清晰描述，使之在消费者心目中形成一种潜在的产品形象，用有意义的消费者语言来详细描述的产品创意。有了产品概念，就可以组织消费者进行产品概念的测试和筛选。对于经过测试和筛选的产品概念，企业需要制定更为具体的营销战略，即明确市场规模、渠道、价格、促销，预算等内容。有了营销战略的规划，就可以进行新产品的商业分析，即对新产品的销售情况、成本和利润做出进一步的评估。通过商业分析的概念产品将进入产品研制、市场试销等环节，以检验新产品是否符合预期。新产品试销成功后，就可以正式批量生产，全面推向市场。传统有形新产品开发流程，参见图 4–3。

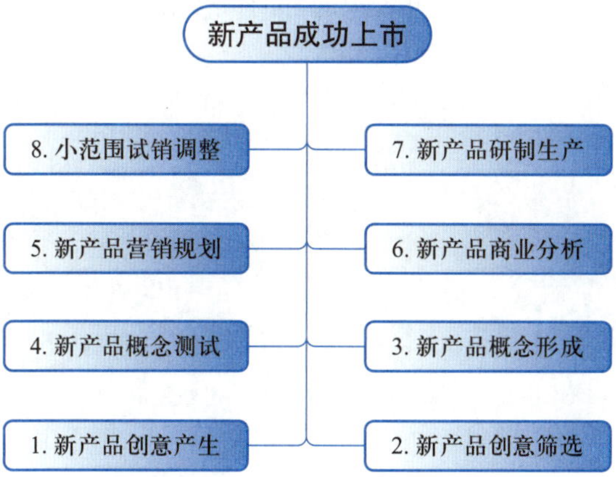

图 4–3 传统有形新产品开发流程

总之，严谨的新产品开发流程有助于降低新产品开发的风险。当前，人工智能技术的应用也大大降低了新产品开发的风险，更好地满足了市场需求。

2. 线上新产品的开发

线上新产品包含很多种类，如软件、在线服务、教育、娱乐、金融等产品。这里重点分析目前非常常见的线上 App（即移动应用）的新产品开发步骤。

（1）需求分析与规划。收集用户需求，分析市场和竞品，明确应用功能、目标用户及核心价值，制定开发周期、资源分配和成本预算方案。

（2）设计。即创建线框图，描绘移动应用的基本布局和元素位置。设计原型制作可交互的原型，用于展示应用的外观和行为。UI（User Interface，用户界面）设计，设计应用的视觉元素，包括颜色、字体和图标。UX（User Experience，用户体验）设计，确保应用的交互逻辑和流程顺畅，提升用户体验。

（3）开发，包含前端开发，负责用户界面的构建；后端开发，搭建服务器、数据库和API（Application Programming Interface，应用程序编程接口），处理数据存储和逻辑运算；集成开发，将前后端、移动端进行集成，确保各部分协同工作。

（4）测试，包含单元测试（测试每个功能模块的正确性），集成测试，性能测试，兼容性测试和用户接受度测试等。

（5）发布与部署。在各应用商店提交发布申请，审核通过后进行发布；部署服务器与数据库，配置相关安全协议，确保移动应用上线后的稳定运行。

（6）维护与更新。监控运行状态，及时维护，修复问题；根据用户反馈与市场变化迭代版本，优化性能，持续提升产品竞争力。

整个过程可能需要多次迭代，以确保最终产品能够满足用户需求和市场期望。同时，有效的项目管理、团队沟通和时间安排也是成功开发线上新产品的关键因素。

4.4 价格策划

4.4.1 价格策划的目标

4Ps策略是个整体性策略，价格策划是其重要组成部分，服务于营销目标的实现。企业实施价格策划的目标是多样的，价格策划目标通常是对企业自身的营销战略、竞争对手、宏观环境等因素综合考量的结果。价格策划的目标通常有以下几个。

（1）提高产品吸引力。合理的价格策划对于提高产品吸引力至关重要，它直接影响消费者对产品的感知和购买意愿。

（2）有效促进市场形成与扩张。通过价格策略帮助产品打入市场，或者扩大已有的市场份额。例如，通过差异化定价、折扣定价等方法，企业可以有效地吸引新客户，巩固现有客户群，同时开拓新的市场领域。

（3）干预消费心理，有效形成品牌定位。价格策划可以有效地触发消费心理，强化产品和品牌的价值感知。价格策划要与品牌定位一致，高价位在一定程度上可以暗示高品质，而合理的价格则可以表明性价比高。价格可以作为品牌定位的工具，帮助品牌塑造在消费者心中的形象。

（4）应对营销环境的变化。在面对营销环境的变化时，价格策划需要具备灵活性和前瞻性，以确保企业能够适应市场波动，保持竞争力。通过了解消费者需求、竞争对手的动态、行业趋势以及宏观经济条件的变化，可以帮助企业预测未来的价格趋势，实施灵活的定价策略，使价格能随市场供需关系、季节、竞争环境或促销活动的变化而调整。

（5）获取最大利润。最大利润是指企业在一定时期内可能并准备实现的最大利润总额，而不是单位商品的最高价格，最高价格未必能够获取最大利润。企业在一定时期内综合考虑各种因素之后，可以以总收入减去总成本的最大差额为基点，确定单位商品的价格，以获取最大利润。

4.4.2 高质高价与薄利多销

在价格策划中，“高质高价”和“薄利多销”是最具代表性的两种定价策略。

1. 高质高价

高质高价是指企业将产品或服务的价格设定得相对较高，以反映其卓越的质量、独特性或品牌地位。这种策略通常用于高端品牌、创新科技产品或优质服务等。

（1）高质高价的优点。首先，高质高价有助于塑造高端、优质的品牌形象，吸引追求高品质消费体验的消费者，这也可以更加有效地细分市场。其次，高质高价意味着更大的利润空间，即使销量较小也能实现可观的利润。最后，高质高价可以使消费者更加明确感知产品的高价值。高价格往往与高品质相联系，消费者通常认为高价产品更值得信赖。

（2）高质高价的适用条件。首先，高质高价服务于STP策略，当企业的目标市场是那些寻求独特价值和高品质体验的消费者群体，企业的品牌定位更偏向于高端形象时，通常需要采用高质高价的策略。

其次，高质高价是产品属性的体现。当产品是一个需求价格弹性较小的商品（消费者对产品的价格变化非常不敏感，或者产品或服务确实拥有不可替代的独特价值）时，通常可以采用高质高价策略。

最后，高质高价的实施与企业的实力密切相关，这种策略不仅要求企业拥有卓越的产品或服务，还涉及企业的研发能力、品牌影响力、财务状况、供应链管理能力等多个方面。企业有能力维护高品质和高服务标准，支撑其高定价。

2. 薄利多销

通过降低价格，企业可以吸引更多价格敏感型的消费者，从而在市场中获得更大的份额，增加销售量，最终提高其总利润，从而更好地应对市场的挑战。

（1）薄利多销的优点。首先，薄利多销有助于提升市场份额。较低的价格有助于吸引更广泛的消费者，快速占领市场，从而获得更大的市场份额。其次，薄利多销有助于实现规模经济。大规模生产和销售可以降低单位成本，提高整体盈利能力。最后，薄利多销有助于引入新产品。在新产品上市初期，采用薄利多销策略既可以帮助企业快速建立市场认知度，吸引初次尝试的消费者，从而为产品的长期成功奠定基础，也有助于建立庞大的客户群，便于后续的交叉销售和销售升级。

（2）薄利多销的适用条件。首先，薄利多销服务于STP策略。如果目标市场的消费者对价格高度敏感，如学生群体、年轻职场人士或中低收入家庭，他们倾向于寻找性价比较高的产品，这时通常需要采用薄利多销的策略。

其次，当企业面对的是大规模潜在市场，且产品的需求价格弹性较大时，较低的价格能够换来销量的大幅提升，这样即使单价利润率较低，也能通过大量销售来实现盈利。例如，大部分具有规模经济的工业产品、电子配件、生活非必需品市场均属于此种情况。

最后，企业具备实施薄利多销的实力，能够通过高效的生产和供应链管理实现成本领先，从而在低利润率下保持盈利。

4.4.3 价格策划的实际应用

1. 提高产品的消费心理不可替代性

在产品策划的项目实践中，本书深入讲述了产品整体概念，明确了心理产品的重要作用。产品功能是消费者的基本诉求，在此基础之上，消费者会出现差异化的心理偏好，原因主要来源于心理产品的差异。如前文所述，高质高价的适用条件之一就是替代品较少，企业应当从营销的角度，更多地关注其消费心理能否实现替代。就像人们看到某款巧克力，会自然地将其和爱情相关联，对其他品牌巧克力就没有这种心理感受，这就是消费心理的不可替代性。它为高质高价策略提供了基础，也是营销策划系统性的一个体现。

2. 实现价格策划与产品组合的有机结合

通过不同的价格策略、不同层级的产品组合，可以满足多样化的市场需求，优化品牌形象和市场占有率。例如，可以利用高端产品，实施高质高价策略，提升品牌形象，积累品牌势能；同时，通过低价出售低端产品，释放品牌势能，实现大规模薄利多销，两者相辅相成，共同提升企业的市场份额和盈利能力。

当企业面对两难境地时，实施薄利多销策略担心品牌形象受损，实施高质高价策略担心市场的容量非常有限，那么价格策略同产品组合的结合运用，就给了企业一个很好的选择，即“高端树形象、低端走数量”。通过实施这种策略，企业可以在保持高端品牌形象的同时，充分利用低端市场的潜力，实现品牌价值和市场占有率的双重提升。

3. 通过多品牌策略实施品牌区隔，进行差别定价

企业的产品组合策划往往会向上下两个方向延伸。向上延伸，企业担心高端产品的形象受累于原有低端产品；向下延伸，企业又担心原有品牌高端形象会被向下的产品组合拉低。解决这个矛盾的关键，就在于多品牌与差别定价策略的运用。

如果企业不想让高端产品的形象受原有低端产品组合拖累，那么就可以设立高端品牌，向上延伸，实施高质高价策略，拓展高端市场。例如，海尔智家的产品组合向上延伸，推出高端品牌“卡萨帝”。如果担心原有产品形象会被向下的产品组合拉低，那么可以设立低端品牌，割裂联系，保护高端品牌。例如，小米手机向下延伸产品组合，设立“红米”品牌，实现薄利多销。

4. 产品结构与差别定价

企业产品线的组成包括了不同类型、规格和功能的产品。合理的定价策略应考虑到产品结构的复杂性，采用分级定价策略，以实现不同的营销目标。

（1）引流产品。引流产品通常价格较低，或提供特别的折扣和促销，主要目的是吸引顾客进入店铺。这些产品本身可能利润微薄甚至无利可图，但它们的主要作用是增加客流量，提升品牌曝光度。定价策略也是引流工具，可采用限时折扣、首单优惠等措施吸引顾客尝试产品或服务，达到引流的目的。

（2）成交产品。成交产品是那些能够促成顾客购买行为的产品。它们具有一定的吸引力，如良好的性价比、独特的功能或优秀的品质，促使顾客完成交易。这时可以采用灵活的定价方案（如分期付款），降低客户的购买门槛，促进成交。

（3）利润产品。利润产品是企业获取利润的非常重要的来源。它们可能不如引流产品那样具有较强的吸引力，但拥有更高的边际利润。利润产品通过销售为企业带来实质性的收入和利润，支撑企业的财务健康和长期发展。

（4）形象产品。形象产品用来提升品牌形象和定位的高端或特色产品。它们可能不会大量销售，但代表着企业的技术水平、设计能力或服务质量。形象产品能够树立品牌的高端形象，吸引追求品质和独特性的顾客，同时也可能成为口碑营销的催化剂，显然高质高价更能凸显品牌形象。

价格策划的方法还有很多，如撇脂定价、渗透定价，成本加成定价、目标收益定价、感知价值定价等方法，在此不一一赘述。

【商道明灯】

好产品是营销策划的基础

背景与情境： 营销的本质是建立在深刻理解消费者需求的基础上，提供真正有价值的产品。好产品是营销策划的基础。只有当产品能够满足市场需求，解决消费者的问题或提供独特的价值时，营销策略才能发挥其应有的作用。

好产品能够自然而然地激发正向口碑。满意的顾客会自发地向他人推荐，这种口碑营销比任何广告都更有说服力。因此，产品品质直接关系到营销活动的广度和深度。当产品本身具有吸引力时，营销资源可以得到更加高效的利用。这意味着企业不需要过度依赖昂贵的广告或复杂的促销策略，可以将更多精力放在产品优化和客户体验上。

好产品能够支撑长期的营销计划。与短期促销不同，好产品能够建立稳定的顾客基础，促进重复购买和品牌忠诚度，为持续的营销活动打下坚实的基础。好产品往往能激发营销人员的创造力，鼓励他们探索新的营销渠道和方法。例如，一款具有革命性功能的产品，可能需要全新的营销策略来传达其独特价值，从而开拓市场先机。

问题：如何从营销策划的角度正确地理解产品与价格策划？

分析提示：营销策划固然重要，但它必须植根于对产品价值的深刻理解和挖掘之上。没有好产品以及合理的价格作为支撑，再高明的营销技巧也只能是空中楼阁。

学习训练

▲ 单选题

1. 消费者购买产品所追求的核心利益是产品整体概念中的（　　）。

A. 核心产品层　　B. 形式产品层

C. 附加产品层　　D. 心理产品层

2. 高铁座位分为商务座、一等座、二等座，它们有不同的价格，这种定价方法是（　　）。

A. 成本导向定价法　　B. 理解价值定价法

C. 需求差异定价法　　D. 竞争导向定价法

3. 产品进入大批量生产并稳定地进入市场销售，这时产品处于（　　）。

A. 导入期　　B. 成长期

C. 成熟期　　D. 衰退期

4.（　　）是企业所独有的一整套识别标志，是企业理念识别的外在的、形象化的表现。

A. 外形识别　　B. 理念识别

C. 行为识别　　D. 视觉识别

5. 以下产品中，最适合策划低价、折扣、促销的是（　　）。

A. 引流产品　　B. 成交产品

C. 利润产品　　D. 形象产品

▲ 多选题

1. 产品整体概念包括（　　）。

A. 核心产品　　B. 改进产品

C. 形式产品　　D. 附加产品

2. 产品生命周期一般经过的阶段包括（　　）。

A. 导入期　　B. 成长期

C. 成熟期　　D. 衰退期

3. 产品组合策略通常可分为（　　）。

A. 扩大产品组合策略　　B. 缩减产品组合策略

C. 向上延伸策略　　D. 向下延伸策略

4. 企业识别系统包括（　　）。

A. 理念识别　　B. 行为识别

C. 视觉识别　　D. 产品识别

5. 企业采取差别定价策略应当具备的条件有（　　）。

A. 市场应当是可以细分的

B. 产品应当有所差异

C. 不同人群对价格的反应有差异

D. 差异定价不会引起消费者反感

▲ 判断题

1. 消费者购买产品时，购买的是产品的功能和服务，与其心理诉求无关。（　　）
2. 好的产品一经生产就不会被淘汰。（　　）
3. 企业识别系统就是企业名称、标准字、标准色和标志。（　　）
4. 目标市场、产品组合与价格策划是具有一定关联关系的。（　　）
5. 成本上升，企业就应当直接涨价。（　　）

▲ 案例分析

AI 手机产品研发：灵犀 AI 手机的智能生态构建

背景与情境：

随着智能手机市场同质化加剧，消费者对“个性化智能体验”的需求日益凸显。灵犀科技洞察到用户在多设备协同、场景化服务、隐私保护等方面的痛点——传统手机虽搭载 AI 功能，但多停留在单一应用层面，缺乏系统性的智能生态整合。品牌方决定以“全场景 AI 交互”为核心，研发新一代灵犀 AI 手机。

端侧 AI 引擎升级：搭载自研“灵犀神经元”芯片，算力提升 300%，支持本地实时处理语音、图像等数据。例如，用户说出“开会模式”，手机可自动切换静音、开启录音转文字，并同步联动智能手表提醒会议日程。

场景化 AI 服务矩阵：构建“学习—工作—生活”三大场景模型。学习场景中，AI 摄像头可识别教材内容，实时生成知识点思维导图；工作场景中，可使用如前述开会模式的辅助会议记录功能；生活场景中，基于用户习惯预判天气变化，自动推送出行建议与穿搭方案。

跨设备智能互联：通过“灵犀智联”协议，实现手机与智能家居、车载系统的无缝连接。用户到家前，手机会根据定位提前联动空调调至适宜温度，门锁自动解锁，构建“未达先知”的智能生活体验。

灵犀 AI 手机在研发阶段引入千名种子用户参与测试，收集超 2 万条反馈优化功能。用户调研显示，大部分消费者认为“AI 体验真正解决了多设备协作的繁琐问题”。品牌通过聚焦 AI 技术与场景化需求的深度结合，成功在红海市场中开辟出差异化赛道，为行业提供了“技术 + 场景”双驱动的产品研发范本。

问题：

（1）请查阅相关材料分析，AI 手机产品的产品生命周期是怎样的?

（2）AI 手机产品在导入期和成长期应该分别选用怎样的营销策略?

分析提示：

同项目一本题型的分析提示。

▲ 策划演练

运动鞋产品整体概念的分析

试对市场主流运动鞋产品进行产品整体概念分析。

实训目标：

（1）帮助学生理解和掌握产品整体概念分析的基本技能。

（2）强化理解产品整体概念，培养学生营销策划系统观念。

实训要求：

（1）正确理解产品整体概念。

（2）准确列出运动鞋产品整体概念的产品层次，并能够准确描述。

（3）能够以系统思维建立产品策划与 STP 策划的联系。

（4）教师需提供一个完整规范的“产品整体概念分析报告”分析范例，供学生借鉴。

（5）教师对学生提交的“产品整体概念分析报告”进行指导、评价。

实训步骤：

（1）选定分析对象，对照产品整体概念，对其进行产品整体概念的分析。

（2）描述运动鞋的核心产品、有形产品、附加产品和心理产品，联系 STP 策划的内容，重点分析心理产品与 STP 策划的联系。

（3）撰写“×× 品牌运动鞋产品整体概念分析报告”，总结分析运动鞋产品整体概念与不同目标市场需求差异的联系。

组织形式：

以班级学习小组为单位，每小组完成一份“×× 品牌运动鞋产品整体概念分析报告”。

考核要点：

（1）产品整体概念基本理论的掌握。

（2）产品整体概念理论在运动鞋产品策划中的分析应用。

（3）分析报告的规范性。分析报告是否结构清晰、内容完整、逻辑性强。

项目五

促销策划

学习目标

// 素养目标 //

- 坚持遵纪守法、讲求信誉的营销策划理念
- 养成保持精进、不断提升的良好职业习惯
- 坚持公平竞争、善待顾客的职业操守
- 培养合作意识，主动利用资源解决问题

// 知识目标 //

- 熟悉促销策划的内涵与功能
- 了解促销组合构成
- 了解促销策划适用条件
- 了解人工智能技术对企业促销策划的影响与作用

// 技能目标 //

- 能够有效选择广告媒体，开展促销策划
- 能够选择合适媒介，开展公共关系策划
- 能够合理进行人员推销策划
- 能够根据营销活动的类型实施有效的营业推广策划

// 策划谋略 //

- 坐商变行商，财源达三江

思维导图

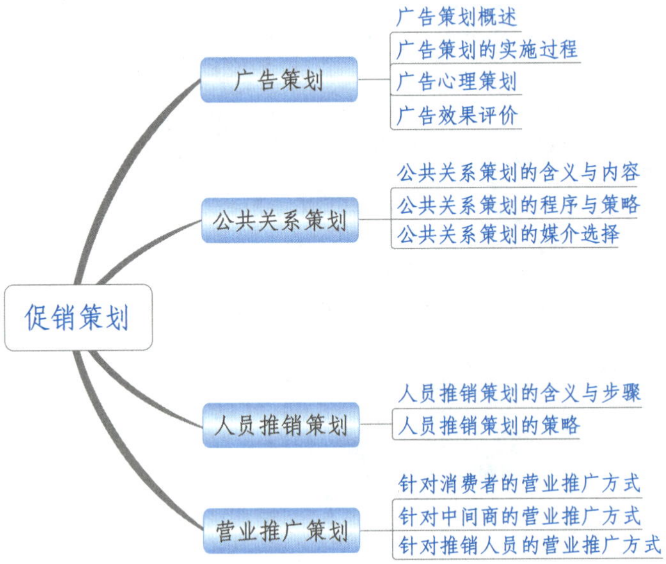

引例启思

借力奥运巧营销

2024 年巴黎奥运会在全球瞩目的氛围中举行，这一体育盛会吸引了无数人的目光。

在众多品牌的奥运营销中，安踏表现亮眼。作为中国奥委会的长期合作伙伴，安踏在本届奥运会上继续展现强大实力。其为巴黎奥运会中国体育代表团设计的领奖服“冠军龙服”成为一大焦点。该领奖服由著名导演担任创意顾问，传承经典中式版型，融入中华龙的“龙鳞”“龙须”等元素，并结合压花纹路、拼接、刺绣等工艺，既彰显中国传统文化底蕴，又展现出新时代中国运动员拼搏进取、朝气蓬勃的精神面貌。

同时，安踏推出全新中国风 IP 形象“灵龙”。一方面延续龙元素营销传统，另一方面通过卡通化形象拉近与年轻受众的距离。在抖音，安踏发起“和灵龙一起为中国队加油挑战赛”“有龙则灵挑战卡片词”等活动，搭配定制贴纸，吸引 2 000 万抖音用户参与并输出特效视频作品，实现品牌有效曝光。

赛场内，安踏是多支中国国家队及运动员的装备赞助商，涵盖了游泳、体操、举重、拳击、摔跤、艺术体操、花样游泳、跆拳道、蹦床等多个项目，同时赞助了很多知名运动员。例如，安踏为中国游泳队设计的大红羽绒服随着中国冠军的出场火遍海内外；为本届奥运会中国举重队打造的全新振岳举重鞋，助力中国举重队勇夺五枚金牌 。

巴黎奥运会倡导“绿色奥运”，安踏也积极响应，在上海安踏 0 碳使命店推出“低碳运动季，碳‘底’玩一夏”活动，该店是中国鞋服行业首家获得权威机构认证的碳中和店铺。活动期间，消费者通过互动游戏、定格运动照体验等活动了解绿色奥运及环保实践，赢取环保礼品。

总的来说，2024 年巴黎奥运会期间，安踏通过创新的营销方式、优质的产品赞助以及积极的环保行动，在奥运营销中取得显著成效，进一步提升了品牌影响力。

促销策划是企业在明确市场定位的基础上，运用广告策划、公共关系策划、人员推销策划和营业推广策划，塑造企业形象，满足消费者需求，取得市场竞争优势的重要手段。安踏通过与奥运赛事的深度绑定，不仅强化了消费者对其品牌的认知度，还借助顶级运动比赛和扎实的产品体验，将安踏的品牌使命“将超越自我的体育精神融入每个人的生活”印刻在消费者心中。

5.1 广告策划

目前，企业十分注重营销观念的贯彻，不仅要提供符合市场需求的产品，还要以广告方式全面传播产品信息，塑造品牌的整体形象，使消费者了解产品并对其产生情感偏好，进而实施购买行为。

5.1.1　广告策划概述

广告策划的含义存在狭义和广义之分。狭义的广告策划是指整个广告活动中的一个环节，在某种确定的条件下将广告活动方案进行排列组合和计划安排，以广告策划方案或策划书的编写为结果。

广义的观点认为，广告策划是从广告角度对营销管理进行系统整合和策划的全过程。它从市场调查开始，根据消费者需要对企业产品设计进行指导，对生产过程进行协调，并通过广告促进销售，完成既定的传播任务。具体来说，广告策略就是根据营销策略，按照一定的程序，对广告活动的总体战略进行前瞻性规划的活动。

5.1.2　广告策划的实施过程

广告策划，实际上是对广告活动过程进行的总体策划，是流程的控制和实施。广告策划流程参见图 5-1。

开发和管理广告方案的步骤（上）

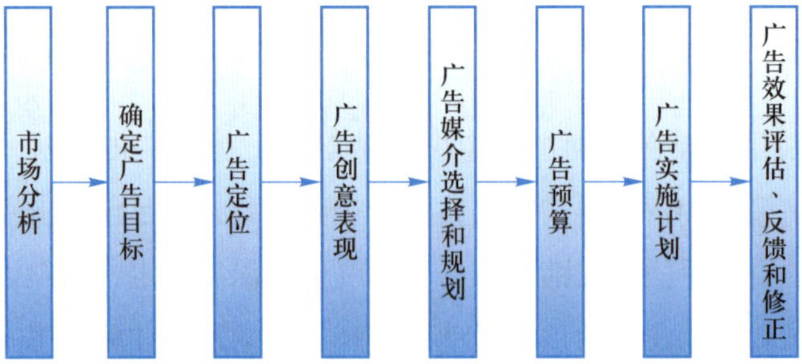

图 5-1　广告策划流程

1．市场分析

广告策划的市场分析基于市场调查进行，通过一系列定量和定性分析，得出本企业和竞争对手在市场的地位，为后续的策划工作提供依据。

2．确定广告目标

一方面，广告策划活动要有目标，并且该目标尽可能是可测量的。它要明确回答三个问题：① 市场占有率及销售额或销售量提高的百分比。② 企业或产品的知名度及美誉度提高的百分比。③ 消费者对企业品牌和产品形象认同感提高的百分比。

另一方面，广告目标仍然包含很多感性成分，这些感性成分是不容易测量的。广告目标既要有短期目标又要有长期目标，销售额的增长有时可能是广告策划的短期目标，有时则可能是广告策划的长期目标。如果单纯地追求短期目标，有可能会损害企业的长期目标。因此，广告目标的确立要在理性和感性、长期和短期等目标的选择中保持均衡。

3．广告定位

广告定位可以为企业塑造与众不同的形象，从而使消费者产生品牌忠诚。

4．广告创意表现

广告创意表现是对广告定位的反映，良好的广告创意表现可以使企业形象和品牌形象在公众心目中更加清晰。

5．广告媒介选择和规划

广告媒介选择要针对既定的广告受众，在一定的预算约束条件下，利用各种媒体，把广告信息有效地传递给目标受众。广告媒体规划主要包括广告媒体的选择、广告发布的日程和广告方式的确定等内容。

6．广告预算

广告是一种付费活动，如果不对广告活动进行科学合理的预算规划，广告费将不能得到有效控制。广告预算就是企业对广告活动所需费用的计划和匡算，它规定在一定的广告时期内，从事广告活动所花费的费用总额、使用范围和使用方法。广告预算的制定会受到各方面因素的制约，如产品生命周期、竞争对手策略、广告媒介和发布频率以及产品的可替代性等。

7．广告实施计划

广告实施计划是在上述各主要内容的基础上，为广告活动的顺利实施而制定的具体措施和手段。广告实施计划的主要内容包括：广告应在什么时间、什么地点发布出去，发布的频率如何；广告应采取什么样的方式推出；广告活动如何与企业整体促销策略相配合等。

8. 广告效果评估、反馈和修正

广告发布出去之后，要衡量是否达到了企业营销活动的目的，这就要对广告效果进行全面评估。通过对广告效果的评估，企业可以先了解消费者对整个广告活动的反应，对广告主题是否突出、诉求是否准确有效，以及媒体组合是否合理等结果作出科学判断，再通过反馈和修正使广告效果达到最佳水平。

5.1.3 广告心理策划

开发和管理广告方案的步骤（下）

消费者对产品的需求，既追求功能的满足，也追求心理的满足。广告可以很好地满足消费者的心理需求。广告心理策划不仅要满足消费者的心理需求，还要引导和刺激消费者的心理需求。广告心理策划主要包括两大类，即理性的广告心理策划和感性的广告心理策划。

1. 理性的广告心理策划

（1）突出产品品质的心理策划。突出产品品质的心理策划强调产品应具有的良好品质，使消费者对产品感到安全与放心，增强产品的吸引力，赢得消费者的信任。

（2）突出产品功效的心理策划。突出产品功效的心理策划是指在广告中突出产品的独特功效，使该产品与同类产品有明显的区别，以增强竞争力。它是以同类产品的功效为基准，选择有别于同类产品的优异性能为宣传重点。

（3）突出产品价格的心理策划。突出产品价格的心理策划是把自己产品的价格与同类产品价格相比较，使其更具有竞争实力，从而在市场上占领更多的市场份额。

2. 感性的广告心理策划

（1）迎合消费观念的心理策划。消费者在消费产品时要获得心理满足，通过广告赋予产品一定的情感因素，可以显著提高产品的竞争力。例如，德芙巧克力通过广告使产品演变为表达爱情的象征，更好地满足了消费者的情感需求。

（2）改变消费观念的心理策划。改变消费观念的心理策划是从根本上促使或诱导消费者从固有观念转向一种新的观念，从而促成消费者产生购买动机。例如，某智能手表主打健康监测功能，成功将消费者的认知转变为“智能手表可以提高生活质量”，促成销售。

（3）逆向定位的心理策划。逆向定位的心理策划是当本产品在自己所属的某一类别中难以打开市场时，则利用产品与同类产品的逆向差异，通过广告突出这种逆向差异，树立“非同类”的产品形象。

（4）比附定位的心理策划。比附定位的心理策划是通过建立与行业领导者之间的某种联系，利用行业领导者的影响力，使本企业的产品产生良好的品牌形象。

（5）对抗定位的心理策划。对抗定位的心理策划是企业挑战市场领导者，以此显示自己的实力、地位和决心，并力争取得与领导者一样的甚至超过领导者的市场占有率和知名度。

5.1.4　广告效果评价

广告效果是广告活动或广告作品对消费者产生的影响。狭义的广告效果指的是广告取得的经济效果，即广告达到既定目标的程度，通常包括传播效果和销售效果。从广义上说，广告效果还包含了心理效果和社会效果。心理效果是广告对受众心理认知、情感和意志的影响程度，是广告的传播功能、经济功能、教育功能和社会功能等的集中体现。广告的社会效果是广告对社会道德、文化教育、伦理、环境的影响。良好的社会效果能给企业带来良好的经济效益。

1. 广告心理效果评价

一个有效的广告作品能够产生积极的心理效果，会影响消费者的心理，可以通过实验法加以测量。如通过反射光捕捉眼球的运动，记录下被测试者对广告作品的关注点和注意时间，可以测定被测试者注意了哪些广告要素。还可运用意见评定法、实地调查法等方法，进行准确评价。

2. 广告经济效果评价

广告策划的重要目的是促进销售，使企业取得良好的经济效益。测定广告的经济效果可以采用实地考察法、实验法和统计法等方法进行准确评价。

3. 广告社会效果评价

广告会对社会道德、文化、教育、伦理等社会环境因素产生影响。一则好的广告有可能立即产生轰动的社会效果，也可能潜移默化地影响社会的各种道德规范或行为规范等。测定广告社会效果的评价标准一般为定性标准，通常包括：是否有利于树立正确的社会道德规范；是否有利于培养正确的消费观念；是否有利于社会市场环境的良性竞争等。

5.2 公共关系策划

5.2.1 公共关系策划的含义与内容

公共关系策划是企业整合营销传播中的一个重要组成部分，因为企业公共关系的好坏直接影响着企业的形象的好坏，影响着企业营销目标的实现。在市场营销学中，公共关系也简称公关。

公共关系策划是指企业恰当地运用各种传播手段，在企业和社会之间建立相互了解和依赖的关系，并通过双向的信息交流，在社会公众中树立良好的企业形象和声誉，以取得公众的理解、支持和合作，从而有利于促进企业营销目标的实现。

公共关系策划主要包括以下几个方面：

（1）树立企业形象。公共关系策划有助于企业建立起良好的内部和外部形象，首先从企业内部做起，使员工具有很强的凝聚力和向心力；然后，做好企业外部工作，让公众认识自己，了解自己，赢得公众的理解、信任、合作与支持。

（2）建立信息网络。公共关系是企业收集信息、获得反馈以帮助决策的重要渠道。公共关系策划可以使企业及时收集信息，对内外部环境的变化保持高度的敏感性，为企业决策提供可靠的依据。

（3）协调公共关系。在现代社会环境中，企业不是孤立存在的，而是在包括顾客、职工、股东、政府、金融界以及新闻传播界在内的各方面因素组成的社会有机体中实现自身的运转。所以不可能离开社会环境去实现企业的经营目标，公共关系活动正是维持和协调企业与内外公众关系的最有效的手段。企业公众关系的协调主要有三个方面：一是协调领导者与企业职工之间的关系；二是协调企业内部各职能部门之间的关系；三是协调企业与外部公众的关系。

（4）消除公众误解。任何企业在发展过程中都可能出现某些失误。而失误往往是一个转折点，如果处理不当，就可能导致满盘皆输。因此，企业平时要有应急方案，一旦公众对本企业产生误解，就要尽快掌握事实真相，及时做好协调工作。

（5）促进产品销售。以公共关系方式向公众介绍新产品、新服务，既可以增强公众的购买或消费欲望，又能为企业和产品树立更好的形象。

5.2.2 公共关系策划的程序与策略

为了使公共关系活动顺利地开展，企业必须对公共关系工作进行全面策划，制定一套完整的实施方案，保证公共关系工作遵循一定的程序和策略有条不紊地进行。

1. 公共关系策划的程序

公共关系策划的程序参见图 5–2。

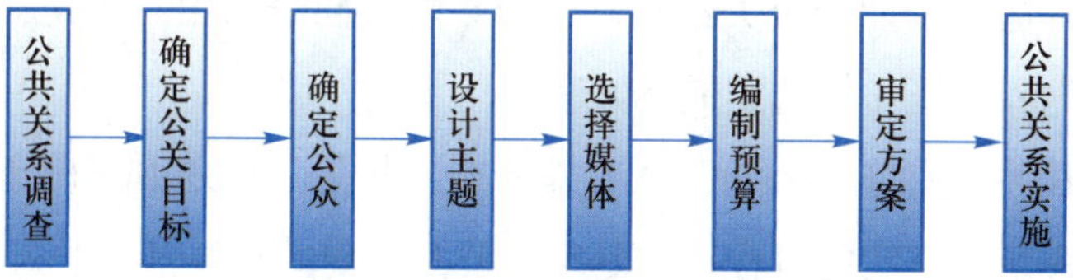

图 5–2　公共关系策划的程序

（1）公共关系调查。公共关系调查可以帮助企业了解本企业在公众心目中的形象和地位、开展公关活动的条件和竞争对手的情况、实现目标的可能性等信息，为企业决策提供科学依据。公共关系调查的内容主要包括企业内部形象调查、企业外部形象调查和企业所处的社会环境调查。

（2）确定公关目标。企业的公共关系目标一般包含四种类型，分别是传播信息、联络感情、改变态度和引起行为。这些目标的期望成果有所不同，具体分析参见表 5–1。

表 5–1　公关目标分类

公关目标类型	公关目标的期望成果
传播信息	传播企业信息，获得公众的了解、信任和支持
联络感情	通过感情投资获得公众对企业的信任与爱戴
改变态度	让公众接受企业及其所提供的产品、服务及企业文化等
引起行为	引导公众产生企业所希望的行为方式

（3）确定公众。公共关系是以不同的方式针对不同的公众展开的，而不是像广告那样，主要通过传媒把各种信息传播给大众。要使公关活动有效实施，

需要先确定公关活动的主要对象，即目标公众。

（4）设计主题。公共关系活动主题是对公共关系活动内容的高度概括。为避免活动项目过多给人留下杂乱无章的印象，企业需要设计出一个统一、鲜明的主题，以统领整个公关活动。

（5）选择媒体。不同的传播媒体有各自的特点，企业只有选择合适的媒体，才能取得良好的传播效果。

（6）编制预算。通过编制预算，公关人员能够预先了解公关活动的投入成本，能在事前进行统筹兼顾的全面安排，保证公关工作正常开展，便于监督管理，封堵漏洞。

（7）审定方案。公关人员根据企业的现状，提出各种不同的活动方案。这些方案未必都适合企业的公关策划，也未必能够同时采用。因此，只有对这些方案进行优化和论证才能选定最终方案。

（8）公共关系实施。公共关系实施是在公共关系计划方案确定后，将方案所确定的内容变为现实的过程，它是整个公关策划的具体落实。

2. 公共关系策划策略

不同的企业在不同的时期存在着不同的公关目标和内容，所以公共关系策划需要有不同的策略与之相对应。归纳起来主要有以下几种：

（1）宣传性公共关系策划的策略。即公关人员运用各种传播媒介，直接向公众传递有关企业及其产品的各种信息，让公众充分了解、关心并支持企业，以形成有利于企业发展的社会舆论及外部环境。

（2）交际性公共关系策划的策略。即通过直接的人际交往进行情感上的联络，为企业广结良缘，建立广泛的社会关系网络，以形成有利于企业发展的人际环境和社会环境。

（3）服务性公共关系策划的策略。即公关人员以提供优质服务的手段来获取公众的好感和支持，进而为企业及其产品树立良好的形象。

（4）社会性公共关系策划的策略。即企业公关人员直接参与或举办各种社会性、公益性、赞助性的活动来扩大企业的社会影响，提高其社会声誉，赢得公众的信任和支持。

（5）征询性公共关系策划的策略。即企业公关人员通过提供信息服务，建立企业与公众之间的联系，运用征询服务的手段，让公众了解企业和让企业了解公众的要求，从而进一步完善企业和产品的形象。

5.2.3 公共关系策划的媒介选择

企业执行有效的公共关系策划，需要掌握恰当的时机并选择合适的媒介，这样才能收到良好的效果。公共关系策划可以选择的媒介有以下几种：

1. 新闻发布会

新闻发布会又称记者招待会，是社会组织为公布重大新闻或解释重要方针政策而邀请新闻记者参加的一种公共关系专题活动。它是组织与新闻界建立和保持联系的一种较正规的形式。根据新闻发布会的特点，企业必须分析和研究所要发布的消息是否重要、是否具有广泛传播的新闻价值及新闻发布的紧迫性与最佳时机。只有在确认召开的必要性和可能性后，才可决定召开新闻发布会。一般地说，社会组织举行新闻发布会的原因，有以下几方面：出现紧急情况；对社会产生重大影响的新政策的提出；企业的新技术、新产品的开发和投产；组织对社会作出重大贡献；推出影响社会的新措施；企业的开张、关闭和合并转产；组织的重大庆典；等等。

2. 赞助活动

赞助活动是社会组织无偿提供资金或物质，支持某一项社会事业或社会活动，以获得一定形象传播效益的公共关系专题活动。社会组织通过对文体、福利事业和市政建设以及一些社会活动进行赞助，来扩大组织影响、提高美誉度是十分普遍的现象，特别是一些效益比较好的企业，由于具有较强的经济实力，经常被广泛邀请进行赞助。

3. 展览会

展览会是通过实物展示和示范表演来展现社会组织的成果和风貌的公共关系宣传活动。展览会还可以放映宣传片、访谈、电影，展出照片、图片并加以解说等，这些活动使展览会具有一定的知识性和趣味性，使公众更直观、更全面地了解组织及其产品，从而使公众对组织或产品产生深刻的印象。另外，在展览会上还可以了解公众的反应和意见，相互沟通，增进友谊。

4. 对外开放

对外开放是指组织为了让公众更好地了解自己或消除对本组织的某些误解，组织或邀请有关公众前来本组织参观。

5. 广告媒体

通过广告，企业可以告知顾客其自身的规模、发展策略、业绩、贡献等信息，尤其当前对企业社会责任的强化。这使广告成为公共关系策划的重要媒

公关时机与
媒介选择

体，通过合适的广告进行公共关系策划，可以树立良好的企业形象。

【策划解码】

胖东来的危机公关

背景与情境：6 月 25 日晚，有顾客在网络平台反馈，新乡胖东来联营“擀面皮”加工现场卫生环境较差。

6 月 27 日凌晨，“胖东来商贸集团”官方微信公众号发布了《新乡胖东来餐饮商户擀面条加工场所卫生环境恶劣调查报告》，该报告声明，一是对帮助其发现重大食品安全隐患的客户奖励现金 10 万元；二是对 6 月 9 日至 6 月 19 日期间购买擀面条、麻辣面的客户全部退款，并发补偿金 1 000 元（共计 8 833 份）；三是对相关工作人员予以辞退、免职、取消年终福利的处罚，要求相关商户即日起停止营业、解除合同，终止合作、限期撤柜。

问题：试分析胖东来危机公关的成功之处。

分析提示：胖东来对顾客投诉高度重视，快速解决问题。企业把危机当成了一次重新树立口碑的机会，做到了“化危为机”，行动力远大于承诺。危机公关不仅需要真实、真情，更需要“真动”，即企业要为存在的问题，作出实际行动，给予必要补偿。

5.3 人员推销策划

人员推销是最古老的促销方式。早在小商品经济时代，商人的沿街叫卖、上门送货等行为就属于早期的人员推销。在市场经济条件下，人员推销仍然是一种有效的方式，对于工业用品和高科技产品的促销，企业仍然可以进行人员推销策划。

5.3.1 人员推销策划的含义与步骤

人员推销策划是指在商业促销活动中，推销人员恰当地直接向目标顾客介绍产品，向他们提供情报，介绍产品，创造需求，以促成购买行为的促销活动。人员推销策划是一门艺术，需要推销人员巧妙地将知识、天赋、诚信和智慧集于一身。推销人员应该根据不同的环境、不同的顾客，灵活运用多种推销技巧来满足顾客的要求。

在人员推销策划中，推销人员、推销对象和推销品是三个基本要素。其中，前两者是推销活动的主体，后者是推销活动的客体。推销人员通过与推销对象之间的接触、洽谈，将推销品推销给推销对象，从而达成交易。在市场营销实践的日益发展中，推销人员已经不再单纯地从事推销工作，人员推销已成为一种双向沟通的直接促销方法。

人员推销策划的步骤：

人员推销策划要按照一定的程序进行。一个完整有效的人员推销过程，一般包括以下八个相互关联又有一定独立性的工作程序，参见图 5-3。

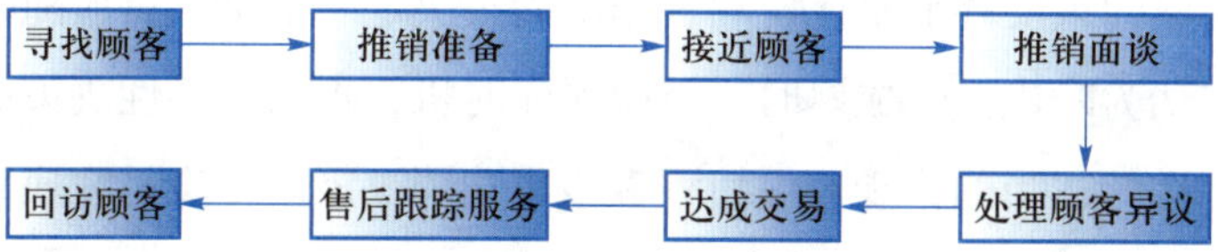

图 5-3　人员推销流程

1. 寻找顾客

寻找顾客是维持和提高销售额的保证。努力寻找潜在顾客，使顾客数量不断地增加，既是人员推销策划成功的有效保证，也是促进推销品更新换代，激发市场新需求的长久动力。

2. 推销准备

“凡事预则立，不预则废。”推销是一项复杂的工作，要使推销成功，推销人员就要做充分的准备。成功的概率往往取决于准备的程度。推销人员的准备包括物质准备、心理准备、信息准备和推销计划制订。

3. 接近顾客

接近顾客是推销人员为进行推销洽谈而与目标顾客进行的初步接触。能否成功地接近顾客，直接关系到整个推销工作的成败。由于顾客的习惯、爱好、性格等各不相同，推销人员应依据事前获得的信息或接触瞬间的判断，选择合适的方法接近不同类型的顾客。

4. 推销面谈

推销面谈是推销人员运用各种方式说服顾客购买的过程。在推销中，面谈是关键环节，而面谈的关键是说服，主要包括提示说服和演示说服。推销人员通过直接或间接、积极或消极的提示，将顾客的购买欲望与商品特性联系起来，由此促使顾客作出购买决策的方式是提示说服。推销人员也可以进行演示说服，即通过产品样品或文字、图片、音像、影视、证明等资料的展示去劝导顾客购买商品。

5. 处理顾客异议

推销的过程也是人与人交流的过程，推销人员要与顾客保持和谐融洽的关系，对于顾客的抱怨就应采取宽宏大度的态度，尽量避免与之争论，更不能与其发生冲突。推销人员只有正确认识并积极对待顾客的异议，认真分析异议产生的原因，采取灵活的策略和方法，有效地对顾客异议加以引导和转化，才能最终说服顾客，促成交易。

6. 达成交易

人员推销的重要环节是促使顾客作出购买决定。推销人员应随时观察顾客的反应，在认为时机已经成熟时，就应抓住时机，提出选择性决策或者建议性决策，也可进行适当的让步，促使顾客做出购买决策。在交易完成后，一定不要忘记向顾客表示真诚的感谢。

7. 售后跟踪服务

产品售出以后，推销活动并未就此结束，推销人员还应该与顾客继续保持联系。良好的售后服务可以提高顾客的满意度，促使顾客产生对企业有利的后续购买行为，增加产品再销售的可能性。

8. 回访顾客

回访顾客有助于维系老顾客，通过维系老顾客可以培养顾客忠诚度。

5.3.2 人员推销策划的策略

根据其所处阶段的不同，人员推销策划的策略选择可以分为寻找顾客的策略、接近顾客的策略和推销成交策略。

1. 寻找顾客的策略

寻找顾客的策略决定了寻找顾客的效率，主要有：

（1）普遍寻找策略。普遍寻找策略是推销人员在特定的市场区域范围内，针对特定的群体，采用上门、电话、电子邮件等方式，对该范围内的组织、家庭或者个人无遗漏地进行寻找与确认的策略。

这种策略的优点有：①不会遗漏任何有价值的客户，能准确地了解顾客的需求信息；②寻找过程中接触面广、信息量大，可以作为分析市场的一种方法；③可以扩大产品和企业的知名度。

这种策略的缺点主要有：①针对性不强，有一定的盲目性，比较费时费力，成功率相对较低；②对顾客来说没有任何心理准备，容易产生抵触情绪。

（2）连锁介绍策略。连锁介绍策略是指推销人员请求现有顾客介绍未来的潜在顾客。相关调查报告显示，在寻找新顾客的各种途径中，由现有顾客推荐而取得成功者约占38%，而其他方法的成功率均在22%以下。

（3）权威介绍策略。权威介绍策略是推销人员在一定的推销范围内，先发展一些有较大影响力的中心人物或组织来消费自己的推销品，再通过他们的影响，把该范围内的其他个人或组织变为自己的准顾客。

（4）资料查阅策略。资料查阅策略是推销人员通过查阅现有资料寻找顾客的方法。资料查阅常见的渠道有工商企业名录、电话簿、产品目录、协会名册、各种年鉴及其他定期公布的经济资料、各种大众传播媒介提供的信息等。

（5）网络搜寻策略。网络搜寻策略是指借助互联网寻找潜在顾客。它是数字经济时代的一种非常重要的寻找顾客方法。

（6）广告开拓策略。广告开拓策略是推销人员利用各种广告媒介寻找准顾客的方法。采用这种策略的优点是传播速度快，影响力大，由于广告媒介不但是一对多的关系，而且形象、生动，推销效果好。缺点是广告的策划、制作、播放等费用较高，推销对象的选择性不易掌握，难以测定实际效果。

除了以上策略，还可以采用个人观察、委托助手、交易会寻找、竞争分析等策略。

2. 接近顾客的策略

根据顾客及推销品的具体情况，接近顾客的策略主要有以下几种。

（1）介绍接近策略。介绍接近策略是推销人员通过自我介绍或第三者介绍的方法接近顾客的策略。自我介绍是指推销人员先通过口头自我介绍让顾客了解自己的身份、背景及其来访目的，再主动提供能证明自己身份的证件，如工作证、名片、推销介绍信等，进一步加深顾客的印象。第三者介绍是指通过顾客社交圈里的人介绍来接近新顾客。推销人员应努力扩大自己的社交范围，赢得有关人员的帮助和推荐。

（2）产品接近策略。产品接近策略是推销人员直接利用推销品新奇、独特的特点引起顾客的注意和兴趣，从而使接近顺利转入洽谈的方法。这种方法最适合于具有新颖特色的商品，产品本身不仅要具有一定的吸引力，而且要方便推销人员展示。

（3）表演接近策略。表演接近策略是推销人员利用各种戏剧性的表演来引起顾客的注意和兴趣，进而转入洽谈的一种方法。这种方法迎合某些顾客求新求异的心理，也可以有效地吸引顾客的注意。

（4）利益接近策略。利益接近策略是推销人员提出问题直接点明推销品能够给顾客带来的某种特别的利益或实惠，以引起顾客的注意和兴趣，从而顺利转入洽谈的接近策略。

（5）好奇接近策略。好奇接近策略是推销人员利用顾客的好奇心理而接近顾客的策略。好奇之心，人皆有之，好奇心理是人们的一种心理驱动力，这种驱动力促使人类不断探索未知的事物。好奇接近策略是利用人类的好奇驱动力，引起顾客对推销人员或推销品的注意和兴趣，从而接近顾客。

除以上几种策略外，还可以采用赞美接近策略、请教接近策略、问题接近策略、震惊接近策略等。

【策划解码】

咖啡推广中的裂变策划

背景与情境：瑞幸咖啡在成立之初能够飞速发展，除了海量的用户补贴和广告宣传，更得益于其强大的顾客获取与运营能力——通过丰富的裂变策略，实现低成本获客。

（1）拉新裂变。老顾客邀请新用户下载瑞幸 App，当新顾客进行消费后，新老顾客均可免费得到一杯咖啡，这直接带动了瑞幸 App 用户的飞速增长。

（2）红包裂变，用户完成一次消费行为之后，可以将红包分享给好友进行领取，瑞幸在分享的链接中，设计了一些小游戏和互动，让原本简单的促销变得更加有趣。

（3）关系裂变，就是把咖啡券设计成祝福卡片的形式，顾客可以将带有祝福语的咖啡卡券送给好友，表达自己的心意。

（4）IP 裂变，这是红包裂变方式的变形，利用影视海报等设计分享红包页面，配上“××请你一起喝咖啡的文案”，大大提高了顾客领取红包的意愿程度。

问题：试分析瑞幸咖啡促进顾客增长的举措与促销的关系。

分析提示：接近顾客与促销策划是息息相关的，可以将顾客运营活动和促销政策的关系理解成鱼和水的关系，只有两者搭配使用，才能发挥更强大的效能。瑞幸采用的拉新裂变、红包裂变、关系裂变等活动，都离不开优惠和奖励的正向刺激。

3. 推销成交策略

常用的推销成交策略主要有以下几种。

（1）选择成交策略。选择成交策略是推销人员向顾客提供两种或两种以上可供选择的购买方案来促成交易的策略。即推销人员在假定成交的基础上向顾客提出成交决策的比较方案，顾客不在买与不买之间选择，而只是在推销品不同的数量、规格、颜色、包装、样式、交货日期等方面做出选择。这样顾客无论作出何种选择，结果都是成交。

（2）总结利益成交策略。总结利益成交策略是推销人员在成交中以一种积极的方式成功地概括总结顾客关注的产品的主要特色、优点和利益，以得到顾客的认同并最终获取订单的策略。总结利益成交策略能够使顾客全面了解商品的优点，便于激发顾客的购买兴趣，最大限度地吸引顾客的注意力，使顾客在明确自己既得利益的基础上迅速作出决策。

（3）最后机会成交策略。最后机会成交策略是推销人员直接向顾客提示最后成交机会而促使顾客立即购买的一种策略。这一成交策略要求推销人员运用购买机会原理，向顾客提示“机不可失，时不再来”，给顾客施加一定的成交压力，使顾客感到应该珍惜机会，尽快实施购买行为。

（4）优惠成交策略。优惠成交策略是推销人员通过提供优惠的交易条件来促成交易的策略。它利用了顾客在购买商品时希望获得更大利益的心理，实行让利销售，促成交易。正确地使用优惠成交策略，可以吸引并招揽顾客，有利于创造良好的成交气氛。

（5）体验成交策略。体验成交策略是推销人员为了让顾客加深对产品的了解，增强顾客对产品的信心而采取的试用或者模拟体验的一种成交策略。当推销人员和顾客商讨完有关产品、服务保障和交易条件后，为了促成交易，则需要在可能的条件下用形象化的手段直观地展示推销品。体验成交策略能给顾客留下深刻的直观印象。

除了以上提到的几种策略，还有请求成交策略、假定成交策略、从众成交策略、小点成交策略和保证成交策略等成交策略可以选用。

5.4 营业推广策划

营业推广策划是企业合理运用各种短期诱因，鼓励消费者购买和中间商销售产品或服务的促销活动策划。与广告、公共关系和人员等推销策划方式不同的是，营业推广策划限定时间和地点，以对购买者奖励的形式促进其购买，以此来追求需求的短期快速增加。

营业推广的对象可以分为消费者、中间商和推销人员三类。根据营业推广的不同对象，企业可以选择不同的营业推广方式与策略。

5.4.1 针对消费者的营业推广方式

1. 产品陈列与示范

企业在零售店占据有利位置，将本企业的产品进行橱窗陈列、货架陈列、流动陈列，同时进行现场使用示范，以展示产品的性能与优越性。这种方法适用于新产品，在家电、化妆品等商品的促销活动中广泛应用。

2. 有奖销售

在顾客购买后发给其抽奖券或中奖号码，使顾客在购买时不仅得到产品，而且有额外收获，以此来激发顾客的购买欲望。

3. 样品赠送

向消费者赠送样品，借此了解新产品的效果，传播新产品的信息，以此来争取更多的使用量，扩大销售量。这种方法适用于价格低廉的日用消费品。

4. 特价包装

企业对其产品给予一定折扣优惠，并把正常价格与限定优惠价格标明在商品包装或标签上。企业既可以将同类商品包装起来减价出售，也可以将两件或多件相关产品包装在一起组合销售，但价格比单独购买一件商品的价格之和要低。这种方法适用于非耐用性消费品，短期效果往往比较明显。

5. 会员销售

会员销售又称俱乐部营销，即企业以某种利益或服务为主题，将各种消费者组成俱乐部形式，开展宣传、促销和销售活动。会员销售能培养消费者的品牌忠诚度，缩短厂商与消费者之间的距离，加强营销竞争力。

【策划解码】

水果店里的会员运营

背景与情境：百果园是中国水果连锁企业，它在会员运营上积累了很多经验。

（1）打通客户关系闭环，实现公域、私域和商域流量互通。其线下门店有着天然的地理位置优势，顾客到店购买、在店注册、在店消费、到店积分兑换等，是会员运营的天然优势所在。

（2）借助抖音、视频号等平台的短视频营销获取公域流量，同步升级新鲜水果优惠促销、新鲜水果知识科普、美食做法共享，致力于输出良性内容，在耳濡目染间影响顾客心智，与顾客建立良好的关系；经过各种各样的活动营销，将顾客沉淀成会员。

（3）将线下实体店与网上社区运营结合引流，依托微信小程序和推广工具（如新手礼包、拼团、预购、会员折扣优惠、促销秒杀活动等），以更方便快捷和直接的呈现方法精准推送营销信息。新顾客可实现即用即走，为顾客带来更快捷的购买感受，适用于各种各样营销活动的展现。

（4）深度运营会员体系，实现千人千面、数字化精准运营，针对生鲜会员本身就具有的高频消费、重复消费和口碑传播的特质，对会员进行分级分层和分类，为各个层级的顾客提供个性化的服务方案。

问题：试分析百果园会员运营的创新之处。

分析提示：百果园会员运营的重点是利用数据标签对各类会员进行有效的分类维护和运营。根据社会学和传播学的模型，通过在全域建立有效触达与互动，从而做到会员运营的可定位、可预测、可影响。通过大数据分析，实现千人千面、数字化、个性化定制的运营模式，更精准地进行营销。

5.4.2 针对中间商的营业推广方式

1. 产品交易会和订货会

生产商利用交易会和订货会邀请中间商参会，在会上陈列产品，企业的推销人员介绍产品相关知识，同时进行现场操作演示。推销人员可以直接与客户代表进行洽谈，进行双向沟通，引导中间商签订购货合同。

2. 销售激励

为了激励中间商全力推销产品，在中间商中开展一系列竞赛活动，获胜者可以得到生产商的奖励。竞赛活动通常以销售额、销售增长率、货款回笼速度、售后服务质量等一系列指标为标准进行评价。奖励的形式也是多种多样，有财务支持、福利支持和促销支持等。

3. 价格折扣

为了促进中间商大量进货，生产商经常使用的方法就是价格折扣，它有两种基本形式：一种是给予中间商数量折扣，即一定时期内的进货达到一定数量，就可享受一定价格折扣；另一种是给予中间商职能折扣，即当中间商为产品做广告或特意陈列产品时，生产商给予一定的费用补偿或相应津贴。

4. 赠品

赠品对于中间商来说也是一种重要的激励手段。它既能给中间商带来实际利益，降低销售成本，又体现了制造商与中间商的合作关系。给予中间商的赠品一般有产品销售的陈列货架、储藏设备、广告赠品等。

5.4.3 针对推销人员的营业推广方式

1. 销售红利

为了鼓励推销人员积极推销，企业规定按销售额或所获利润提成。推销人员的报酬与其销售业绩挂钩使其更主动、积极地工作，销售绩效会不断地激发推销人员的潜力。

2. 推销竞赛

为了刺激和鼓励推销人员努力推销商品，企业可以确定一些推销奖励的办法，对成绩优良者给予奖励。奖励既可以是现金，也可以是物品或旅游机会等。

3. 培训机会

学习也是一种奖励，推销人员非常重视培训机会，这样可以证明他受到肯定和重视。推销人员往往为了获得培训的机会而努力地工作，争取更多的销售业绩。

4．职位提拔

对业务做得出色的推销人员进行职务提拔，可以将好的经验传授给一般推销人员，有利于提高推销人员的整体素质。

以上针对不同对象的营业推广策划方式分析可参见表 5-2。

表 5-2　营业推广策划方式分析

营业推广的对象	营业推广的方式	营业推广的目的
消费者	产品陈列与示范	促进产品销售
	有奖销售	鼓励大量使用
	样品赠送	获得潜在顾客
	特价包装	争取竞争对手的客户
	会员销售	培养品牌忠诚度
中间商	产品交易会和订货会	获得新的经销商
	销售激励	鼓励大批量订货
	价格折扣	提高中间商的忠诚度
	赠品	建立新渠道
推销人员	销售红利	激励推销人员寻找新客户
	推销竞赛	刺激推销人员扩大销售量
	培训机会	鼓励推销人员提供更好服务
	职务提拔	激励推销人员、共享营销经验

【商道明灯】

关爱社会，沟通无限

背景与情境：在人们追求情绪价值的当下，突发社会热点事件成为品牌与消费者建立沟通的时机，消费者也期待品牌优先投入“突发灾难事件的救援和重建”相关社会议题中。品牌公益策划越来越多选择以社会、环境与管理为主线，围绕消费者实际痛点展开。叙事方式从“我觉得你需要”，转变为“我知道你需要”，由此生成消费者日常可观、可感的行动。例如，美团的小份饭公益营销，既洞察到人们不愿浪费粮食的心理，也用轻松的方式融入碳排放议题。

在热点事件中，品牌的公益发声都转化成消费者关注与行动的落点，是即时见效的、可参与的，人们能真实感受到一个品牌对社会起到的积极作用。

对公益主题策划而言，品牌要找到独特的价值站位，就得去发现与自身契合的针对性节点，引发关注和讨论。

问题：试分析公益策划对企业品牌的影响。

分析提示：除了获取盈利，企业发展还有一个重要功能就是承担社会责任。品牌公益策划体现了企业应有的责任与担当，其往往以社会、环境与管理为主线，涉及的人群话题、节点主题日益多元，沟通方案和载体变得多样。

学习训练

▲ 单选题

1. 促销策划的最主要的作用是（　　）。
   A. 沟通信息　　B. 刺激需求
   C. 产生偏爱　　D. 导致购买
2. 对营销生产资料的企业来说，最重要的促销手段是（　　）。
   A. 人员推销　　B. 营业推广
   C. 广告　　D. 公共关系
3. 可以进行双向信息沟通的促销方式是（　　）。
   A. 人员推销　　B. 广告
   C. 营业推广　　D. 公共关系
4. 在各种促销手段中，最有利于建立和培养友好关系，且能及时获得买主反应的方式是（　　）。
   A. 广告　　B. 营业推广
   C. 人员推销　　D. 公共关系
5. 某 AR 眼镜品牌选择在伦敦之眼召开新品发布会，这是（　　）的公关策划。
   A. 协调公共关系　　B. 建立信息渠道
   C. 消除公共误解　　D. 促进产品销售

▲ 多选题

1. 人员推销的特点有（　　）。
   A. 面对面洽谈业务　　B. 培养和建立友好关系
   C. 能及时得到消费者的反馈　　D. 迅速购买
2. 广告的心理策划主要包括（　　）。
   A. 理性心理策划　　B. 感性心理策划
   C. 利益心理策划　　D. 功能心理策划
3. 对营销生产资料的企业来说，各种促销手段的相对重要性依次为（　　）。
   A. 营业推广　　B. 人员推销
   C. 广告　　D. 公共关系

4. 寻找顾客的策略包括（　　　　）等策略。

A. 连锁介绍　　B. 权威介绍

B. 网络搜寻　　D. 广告开拓

5. 针对推销人员的营业推广方式有（　　　　）。

A. 销售红利　　B. 推销竞赛

C. 培训机会　　D. 职位提拔

▲ 判断题

1. 促销策划实质上就是促进消费者购买的活动。（　　）
2. 营业推广的效果是长期性的。（　　）
3. 公共关系的对象就是消费者。（　　）
4. 在多数场合下，广告是一种最有效的促销手段。（　　）
5. 营业推广能及时得到买主的反应。（　　）

▲ 案例分析

"限时一口价"促销活动策划

背景与情境：4 月，比亚迪针对旗下王朝网和海洋网多款车型推出"限时一口价"促销活动，旨在通过透明定价、大幅优惠刺激消费，同时巩固其在新能源市场的领先地位。此次促销覆盖汉 DM-i、宋 PLUS、秦 PLUS 等热门车型，其中汉 DM-i（非智驾版）作为主推车型，综合优惠最高达 3 万元，直接对标合资品牌燃油车市场。

此次活动中，比亚迪的促销策略主要包括：

（1）价格直降：汉 DM-i（非智驾版）原价约 20 万元，促销后降至 17 万元左右，并提供置换补贴、金融免息等政策。

（2）金融支持：提供"0 首付 +5 年低息"贷款方案，降低购车门槛。

（3）区域政策叠加：部分城市还可享受地方政府新能源购车补贴，进一步降低消费者实际支付成本。

促销活动推出后，比亚迪门店客流量激增，部分门店订单量环比增长超 50%。以深圳某比亚迪海洋网门店为例，周末日均接待客户达 60 ~ 70 批，单店半月销量达 56 辆，远超上年同期水平。

从整体销量看，比亚迪月销量突破 30 万辆，同比增长 49%，其中王朝 / 海洋系列贡献 27.8 万辆，汉 DM-i 单月销量突破 2 万辆，成为中高端混动市场的标杆车型。此外，叠加地方以旧换新政策，消费者实际购车成本下降 20% 以上，进一步推动燃油车用户转向新能源。

问题：

结合案例分析，比亚迪是如何制定促销策划方案的？效果如何？

分析提示：

同项目一本题型的分析提示。

▲ 策划演练

节日广告策划

试对某个品牌（如饮料、快消品、手机、洗发水等）实施节日广告策划。

实训目标：

（1）帮助学生训练掌握“广告策划”的流程与基本技能。

（2）培养学生的数字化素养，强化学生利用资源解决问题的能力，增强其团队合作精神。

实训要求：

（1）正确运用广告策划的工具。

（2）对“广告策划”的流程有准确把握。

（3）要求教师提供一个“广告策划报告”范例，供学生借鉴。

（4）要求教师对学生提交的“节日广告策划报告”进行指导、评价。

实训步骤：

（1）开展市场调查，对所选定的品牌及其产品系列进行学习、调查走访，了解产品信息，掌握相关数据。

（2）整理、分析调查数据，以小组为单位讨论广告策划的目标及实现该目标的举措。

（3）撰写“×× 品牌节日广告策划报告”，详细陈述该产品的广告语、引导和刺激消费者的心理需求情况、广告效果评价方法。

组织形式：

以班级学习小组为单位，每小组完成一份“×× 品牌节日广告策划报告”。

考核要点：

（1）广告语设计的贴合性。广告语是否贴合节日，有传播性和创意性。

（2）广告策划流程的合理性。包括市场分析、确定目标、广告定位、广告创意表现、媒介选择、预算实施、效果评估等完整流程。

（3）广告策划报告的规范性。策划报告是否结构清晰、内容完整、逻辑性强，并具有可操作性。

项目六

分销渠道策划

学习目标

// 素养目标 //

- 强化谈判与管理意识，有效处理分销渠道冲突与合作
- 树立风险意识，有效识别分销渠道潜在风险
- 培养冷静决策意识，面对复杂情况能迅速作出合理判断

// 知识目标 //

- 理解分销渠道策划的概念与内容
- 掌握分销渠道的价值与作用
- 掌握分销渠道结构的类型
- 了解渠道创新的动力与发展

// 技能目标 //

- 能够有效设计分销渠道结构
- 能够恰当评估与选择分销渠道成员
- 能够设计评估、激励与调整分销渠道的策略

// 策划谋略 //

- 近水楼台先得月，向阳花木易逢春

思维导图

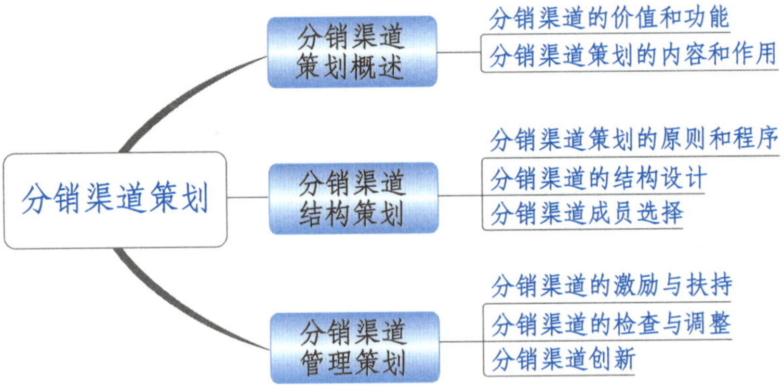

引例启思

华为的数智化渠道转型

在全球数智化转型的大潮中，华为面对国际贸易环境中的不确定性和消费者习惯于线上购物趋势的情况，采取了以下渠道创新举措：

（1）升级线上商城和应用程序，为用户提供个性化的推荐和便捷的购物体验。

（2）整合线上线下渠道，支持线上预约、线下体验和购买，将线下门店作为线上订单的配送点。

（3）打造体验式零售空间，在全球范围内升级零售门店，让消费者可以亲自体验华为的智能设备和生态系统。

（4）拓展跨境电商平台，为海外用户提供便捷的购物渠道和定制化的服务。

（5）开发智能客服系统，利用 AI 技术提供 7 天 × 24 小时的多语言客户服务，提升客户服务效率和质量。

通过渠道创新，华为线上商城用户活跃度、线下体验店的客流量及转化率显著提高，实现了销售效率和客户满意度的双提升。

正如引例中所讲，华为在分销渠道上的举措，展现了品牌在数智化时代的渠道创新。这说明，企业既要不断适应市场变化，采用灵活的渠道策略，满足不同顾客群体的需求，也要考虑多渠道的协同和优化。同时，技术的应用，特别是人工智能和数据分析相关技术，也在不断推动渠道变革。

本项目的内容将深入探讨分销渠道策划的概念，分销渠道的结构策划和渠道管理策略，以更好理解企业应如何结合营销环境、目标市场、品牌定位、顾客、竞争等因素，有效开展渠道策划。

6.1 分销渠道策划概述

通过对市场需求竞争态势和企业自身实力的分析，企业决定了采用何种营销战略，设计和生产什么样的产品，之后采用何种分销渠道模式是企业管理者要做的重要决策之一，也是企业对渠道成员的一项重要承诺。分销渠道是企业的一项重要的外部资源，建立企业的分销渠道通常需要很多年渠道建设的积累。因此，一个企业使用何种渠道战略，将影响企业产品的定价、促销推广及广告决策。企业实施分销渠道决策，涉及企业的渠道战略、渠道政策、渠道成员、渠道控制、渠道绩效、渠道管理等内容。

分销渠道是指产品或服务在从生产者向消费者转移过程中，取得这种产品和服务的所有权或帮助所有权转移的所有企业和个人。分销渠道成员既包括经销商（含批发商、零售商等取得所有权的渠道成员）、代理商和后勤管理组织（帮助转移所有权）等，也包括处于渠道起点的生产者和终点的最终消费者或用户。整个渠道构成了一个闭环体系，参见图 6–1。

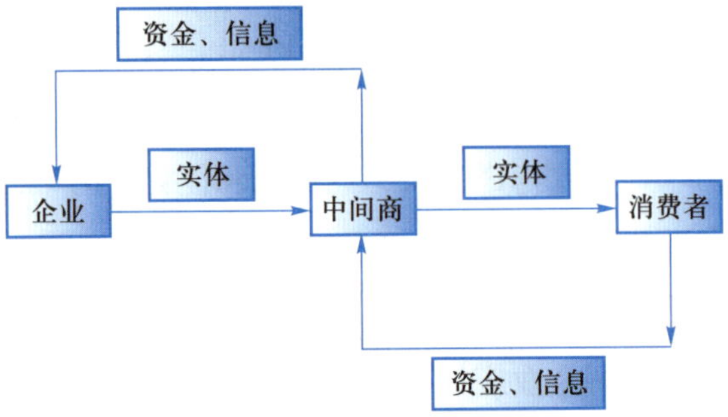

图 6–1　闭环体系

渠道策划的目的

整个闭环体系的良性循环是企业顺利实现生产目的，获得利润的前提保证，尤其是从中间商到消费者这个环节是产品转化为商品，实物转化为货币（获得社会接受）的关键一环。在这个闭环体系中，任何一个地方出现堵塞都会影响整体的机能。分销渠道是实物流、资金流、信息流、实体流的综合渠道，企业通过其实现产品实体从生产者到消费者，实现信息从生产者到达消费者，同时，也把消费者信息传递到生产者。

6.1.1 分销渠道的价值和功能

1. 分销渠道的价值

（1）分销渠道能为企业带来长久的竞争优势。对大多数生产者来说，分销渠道是企业关键的资源。在瞬息万变的市场环境下，仅依靠产品技术优势是不够的，因为技术差异化实现困难；依靠产品价格和促销手段维持的竞争优势也较难持久。只有依靠系统的战略、结构、关系和人员建立的分销渠道优势，才是竞争对手在短期内所无法模仿和超越的。

（2）分销渠道是生产者和消费者之间必不可少的中间环节。分销渠道可以疏通生产者和消费者之间的障碍，在有效保障生产者与消费者在空间、时间、信息等方面充分交流的基础上，使产品到达消费者手中，满足其需求。

2. 分销渠道的功能

由于生产者和消费者之间在时间、地点、数量、品种、信息、产品价值、所有权等方面存在诸多矛盾和差异，分销渠道可以疏通生产者和消费者（或用户）时间、空间、信息上的阻碍。分销渠道是一个双向沟通的过程，它的功能包括：

（1）收集和传播信息。收集、整理、分析与消费者、竞争者及营销环境有关的信息，及时传递给分销渠道各成员，并最终汇集至生产者，为生产者的生产、定价和促销提供有价值的参考信息。

（2）促销。根据消费者需求有针对性地发送和传播产品或服务信息，并以各种富有说服力、具有吸引力的手段吸引消费者。

（3）寻找顾客。为生产者寻找到不同细分市场和业务形式的潜在目标用户，解决生产者不知如何接触消费者，消费者不知在哪里能找到所需产品的问题。

（4）配送产品。按消费者要求分类整理、供应产品，提高产品让渡价值，如按产品特性分类组合，按消费者要求分类包装。

（5）谈判。在渠道成员间就产品价格及其他交易条款，按互惠互利的原则彼此协商、沟通达成交易协议，以实现所有权或者持有权的转移。

（6）物流。为产品从生产者到消费者手中提供运输、仓储、库存服务。

（7）融资。获得和分配资金，以负担渠道各层次存货所需的费用。在产品销售过程中，分销渠道成员需通过银行或金融机构提供生产者、渠道成员或用户间货款支付的服务。

（8）分担风险。分销渠道成员在履行渠道职能时，要承担产品销售、存储、市场波动所导致的许多不确定因素可能带来的风险。

6.1.2 分销渠道策划的内容和作用

1．分销渠道策划的内容

分销渠道策划是指如何选择、设计、管理分销渠道，也就是如何合理选择、设计、管理产品从生产者转移到消费者或用户所经过的路线和通道。企业进行分销渠道策划时，不仅要考虑分销渠道特点、功能、流程、类型，还要考虑企业、产品、市场、竞争、消费者等因素，高效的分销渠道策划是企业获取竞争优势的重要来源之一。

分销渠道业务流程指分销渠道成员一次执行的一系列功能，是描述各成员活动或业务的概念。其中，正向流程是从生产者流向中间商和消费者的流程，如实体、所有权、促销流程；反向流程是从消费者流向中间商和生产者的流程，如订货和付款流程；双向流程是发生在分销渠道每两个交易成员之间的流程，如信息、谈判、融资和分担风险流程。

分销渠道的流程参见图 6–2。

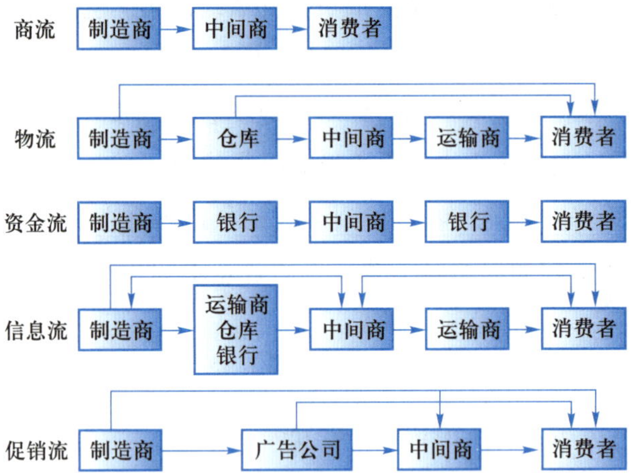

图 6–2 分销渠道的流程

（1）商流。商流是指产品所有权或持有权从一个渠道成员向另一个渠道成员转移的过程。

（2）物流。物流是指产品从生产者转移到消费者的运动过程，主要指产品的运输和存储。物流与商流的最大区别点在于是否伴随所有权的转移。

（3）资金流。资金流（也称货币流）是指货币在渠道成员间流动的过程。

（4）信息流。信息流是指分销渠道中，各渠道成员间相互传递信息的过程。信息流的重要性在于它可以触及分销渠道中直接接触终端的消费者，将消费者的需求和偏好及时准确地反馈给生产者，以确保产品满足消费者的需求。

（5）促销流。促销流是指针对分销渠道成员促销活动的流程，具体指通过广告、人员推销、销售促进等活动，对分销渠道成员施加影响的过程。促销流从生产者流向中间商称为渠道促销，促销流从生产者或中间商流向用户称为用户促销，渠道成员都承担对消费者促销的责任。促销时既可采用广告、营业推广、公共关系等促销方式，也可采用有针对性的人员推广、目标激励等促销方式。

【策划解码】
渠道革新

背景与情境：特斯拉以其颠覆性的直销模式革新了汽车行业的分销渠道。通过在繁华的购物中心设立体验中心和展厅，特斯拉不仅提供了产品展示，还创造了沉浸式的品牌体验。这些体验店直接面向消费者，简化了购车流程，并通过数据分析实现精准营销，有效提升了转化率。同时，特斯拉建立了遍布全球的充电网络，包括超级充电站和目的地充电站，为车主提供了关键的基础设施支持。特斯拉直销模式交易流程参见图 6-3。

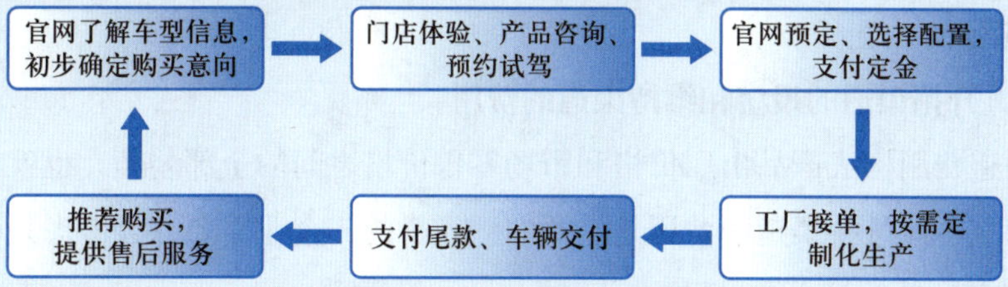

图 6-3　特斯拉直销模式交易流程

特斯拉的渠道设计不仅优化了客户体验，也为其他行业的渠道创新提供了宝贵经验。

问题：试分析特斯拉的分销渠道对其客户体验和品牌控制力产生的影响。

分析提示：重点分析特斯拉直销模式的优势，它的渠道系统中各个要素是如何相互配合和流动，从而满足客户体验和品牌控制力的。

2. 分销渠道策划的作用

（1）分销渠道结构策划有助于企业根据当时的市场环境和自身要求，选择最有利于实现企业营销目标的分销渠道类型和适当结构，并在正确的分销渠道结构下，找到合适的渠道成员和合作伙伴，最大限度地发挥分销渠道的各项功能。

（2）分销渠道管理策划可以帮助企业根据市场变化、渠道发展趋势，合理地调整原有的渠道结构，运用管理学的方法，通过对渠道成员的激励和扶持，发挥渠道成员的积极性，最大限度地利用渠道结构实现企业营销目标。

6.2 分销渠道结构策划

分销渠道设计决策是企业的一项重要战略决策，需与企业营销目标、地区市场机会和企业自身的条件相适应。分销渠道结构策划包括确定分销渠道目标、设计分销渠道结构、评估分销渠道方案、选择分销渠道成员、遵循分销渠道原则等。分销渠道策划需要考虑六个方面的因素，即费用（cost）、资本（captial）、控制（control）、市场覆盖面（coverage）、特点（character）及连续性（continuity），由于这些因素的英文都是以 C 开头的，所以市场营销学者将其称为“渠道策划的 6 个 C”。

1. 开拓渠道的投资和维持渠道的费用

渠道费用构成产品出厂价格和市场零售价格之间的全部差额，也就是企业的销售成本。维持渠道的费用是主要的、经常的，企业需要综合考虑是否使用中间商。

2. 建立渠道的资本需要

除了财力雄厚的企业有能力做大量现金投资，建立自己的营销渠道，一般中小企业由于企业资源的限制，宜于通过中间商销售。

3. 自建销售渠道以利于控制

如果使用中间商，企业对渠道的控制程度取决于各中间商愿意接受控制的程度。一般来说，渠道愈长，对于售价、销售量、推销方式等控制能力愈弱。在多数情况下，当产品需要长渠道时，企业则放弃控制，放手让中间商负责。

4. 企业销售产品的市场覆盖面

大批发商（或大代理商、大经销商）愿意经营企业的产品，很容易获得较大的市场覆盖面。任何企业都希望选择市场覆盖面大的中间商，这就需要通过各种适当的促销手段，树立企业形象和产品形象，并给予中间商较好的获利空间，使中间商愿意与本企业合作。

5. 企业特点、产品特点、市场特点与渠道特点

（1）企业特点。如果企业本身有足够的财力、销售机构和管理经验，而销售规模又较大的话，就可以考虑少用中间商，自派推销人员进行销售；反之，则应多用中间商。

（2）产品特点。一般来说，产品的单价越低，分销环节越多，分销渠道就越长；反之，则越短。价格较高的产品一般采用短渠道流通。

（3）市场特点。市场特点包括目标市场的地理分布状况、潜在顾客的数量、顾客的购买数量和购买习惯、消费的季节性。

（4）渠道特点。企业选用竞争产品所采用的营销渠道，通常会使企业比较容易地进入市场和占有一定的市场份额。但是，在竞争激烈的情况下，企业必须发展不同于竞争对手的其他渠道形式。同时，还需要了解渠道中间商的情况。

6. 渠道的连续性

渠道的连续性并不意味着原来的渠道一成不变，而是指一个企业的营销渠道应当连续、持久、不中断。

【策划解码】

渠道创新助力小家电出海

背景与情境：在国内小家电行业市场增长放缓的背景下，小熊电器、石头科技等小家电品牌纷纷进行渠道创新，开拓海外市场。

起初，这些品牌通过亚马逊等大型电商平台进入海外市场，利用其庞大的用户基础和良好的电商环境快速建立品牌知名度。随着品牌产品在亚马逊上的热销，企业的产品形成了品牌效应，这不仅为它们的线上销售提供了动力，也为建设线下渠道打下了基础。例如，石头科技通过在亚马逊上的成功，顺利与百思买、沃尔玛等大型商超及百货商场建立合作，实现了线下渠道的拓展。

除了传统电商平台和线下渠道，新兴的内容电商平台如 TikTok Shop、Temu 也逐渐成为小家电品牌出海的新选择。这些平台提供了直播营销和短视频营销等形式，使得品牌能够更直观地展示产品，吸引消费者。

问题：试分析，小家电品牌在选择海外销售渠道时需要考虑哪些因素？

分析提示：品牌在选择海外分销渠道时，可考虑市场定位、目标消费者群体、渠道的覆盖面、渠道的成本效益比、当地市场法规、文化背景以及物流配送能力等因素。

6.2.1 分销渠道策划的原则和程序

1. 分销渠道策划的原则

（1）客户导向原则。企业想要发展，必须将客户要求放在第一位，确立客户导向的经营思想。

（2）最大效率原则。企业选择合适的渠道模式，目的在于提高流通的效率，同时不断降低流通过程中的费用，使分销网络的各个阶段、各个环节、各个流程的费用合理化，降低产品成本，取得市场竞争优势，并获得最大化的效益。

（3）发挥企业优势原则。企业应依据自己的特长，选择合适的渠道网络模式，以达到最佳的经济效益和良好的客户反应。同时，企业也要注意通过发挥自身优势来保证渠道成员的合作，贯彻企业自己的战略方针与政策。

（4）合理分配利益原则。这是渠道合作的关键，企业应该设置一整套合理的利益分配制度，根据渠道成员负担的职能，投入的资源和取得的成绩，合理分配渠道合作所带来的利益。

（5）协调及合作原则。渠道成员之间不可避免地存在竞争，企业在建立、选择营销渠道模式时，要充分考虑竞争的强度。一方面，鼓励渠道成员之间的有益竞争；另一方面，又要积极引导渠道成员的合作，加强渠道成员的沟通，协调其冲突，努力使各条渠道有序运行，实现既定目标。

（6）覆盖适度原则。企业在选择分销渠道模式时，应考虑及时准确地送达的商品是否能销售出去，是否有足够的市场覆盖率以支持针对目标市场的销售任务。不能一味地只强调降低分销成本，成本的降低应是规模效应和速度效应的结果，在营销渠道模式的选择中，也应避免扩张过度，覆盖范围过宽过广，以免造成沟通和服务的困难，导致无法控制和管理目标市场。

（7）平衡可控原则。企业要平衡各部分利益，不要轻易更换渠道模式及成员。只有保持渠道的相对稳定，才能进一步提高渠道的效益。畅通有序、覆盖适度，是分销渠道稳固的基础。

2. 分销渠道策划的程序

每个行业、企业都有自身的行业、企业特性，渠道策划程序方法不尽相同。

（1）确定渠道目标。渠道目标是分销渠道策划者对渠道功能的预期，体现着企业营销战略目标。渠道目标是指分销渠道应达到的服务产出水平。分销渠道目标及策划要求参见表 6–1。

表 6–1　分销渠道目标及策划要求

分销渠道目标	策划要求
销售顺畅	这是对分销渠道的基本要求，直销或短渠道最能达到这一要求
市场份额	追求网络覆盖率和产品铺货率，全面布局，多路并进
购买便利	应尽可能地贴近消费者，广泛布点，灵活经营
迅速开拓市场	一般较多地利用经销商、代理商的分销力量
维护品牌形象	高端布局，优选渠道，精选客户
渠道经济性	要考虑渠道的建设成本、维持成本、替代成本及经济收益
渠道可控性	企业应扎实地提升自身的分销能力和渠道管理能力，掌握渠道主动权

除上述因素之外，制定渠道目标时还要考虑经济环境、产品、顾客特性、中间商的优劣、竞争等因素的影响。确定渠道目标时需要注意两点，一是检验渠道目标是否与企业的战略目标、整体营销目标保持一致；二是根据确定的渠道目标说明分销渠道职责和任务。

渠道目标描述要具体，使分销目标执行人员能准确了解分销渠道在企业整体营销战略和营销组合中的作用。也要评估所制定的渠道目标与企业的营销战略、营销目标、营销策略是否一致。同时，还要注意公司层、职能层、操作层面的横向相关性和影响性，相关关系参见图 6–4。

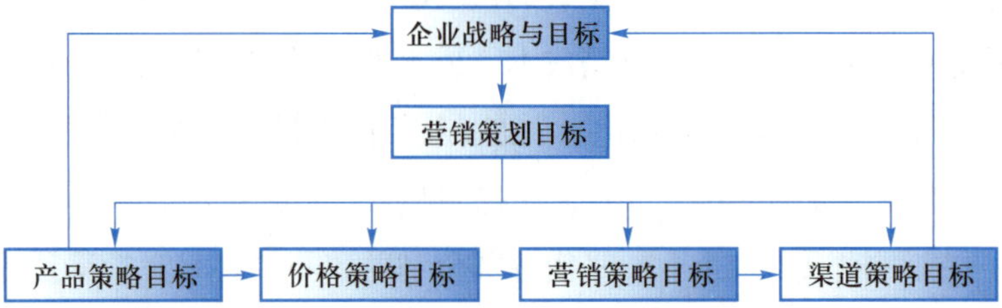

图 6–4　相关关系

（2）明确渠道任务。分销渠道策划者应根据分销渠道的销售、沟通、仓储、融资、承担风险等职能详细、具体地说明分销渠道所应承担的营销职责和任务，参见表 6–2。

表 6–2　分销渠道的营销职责和任务

营销职责	任务描述
推销	新产品市场推广、现有产品推广、向最终消费者促销、建立零售展厅、价格谈判与销售形式的确定
渠道支持	市场调研、地区市场信息共享、向顾客提供市场信息、与最终消费者洽谈、选择经销商、培训经销商的员工
物流	存货、订单处理、产品运输、与最终消费者的信用关系、向顾客报单、单据处理
产品修正与售后服务	提供技术服务、调整产品以满足顾客需求、产品维护与修理、处理退货、处理取消订单
风险承担	存货融资、向最终消费者提供信用、存货的所有权、产品义务、仓储实施投资

（3）制定、评估与选择营销渠道结构。在确定渠道目标并明确渠道任务之后，企业需要制定可行的渠道结构方案，并且对影响渠道结构的相关因素进行评价，根据评价结果选出最优的渠道结构。

6.2.2　分销渠道的结构设计

1．分析、评估分销渠道结构的影响因素

在确定了分销渠道目标，描述了分销渠道承担的职责和任务，分析了消费者需求后，渠道策划者应思考：完成渠道的职责和任务需要哪类渠道？需要多少渠道成员？各类渠道成员应承担哪些责任？这些问题涉及确定分销渠道的长度、宽度和广度，明确渠道成员的类型、条件和责任。

渠道的长度、宽度和广度的选择，需要了解其影响因素是什么，以及这些因素是如何影响分销渠道设计和选择的。企业在策划和选择分销渠道时，必须依据下列因素进行系统分析和判定，做出合理的选择。

（1）产品因素。产品因素分析参见表 6–3。

表 6–3　产品因素分析

因素名称	渠道选择
价格	一般产品单价越高，越应注重减少流通环节，否则会造成销售价格的提高，从而影响销路。单价较低、市场较广的产品，通常采用多环节的间接分销渠道
体积和重量	产品的体积大小和轻重，直接影响运输和储存等销售费用。过重的或体积大的产品，应尽可能选择最短的分销渠道；小而轻且数量大的产品，则可考虑采取间接分销渠道
易毁性或易腐性	产品有效期短，储存条件要求高或不易多次搬运者，应选取较短的分销途径，尽快送到消费者手中，如鲜活品、危险品
技术性	有些产品具有很高的技术性，或经常需要技术服务与维修，应以生产企业直接销售给用户为好
定制品和标准品	定制品一般由产需双方直接商讨规格、质量、式样等技术条件，不宜经由中间商销售。标准品具有明确的质量标准、规格和式样，分销渠道可长可短
新产品	为尽快地把新产品投入市场，扩大销路，生产企业一般会组建自己的推销队伍，直接与消费者见面，推介新产品和收集用户意见。如能与中间商取得良好合作，也可考虑间接销售

（2）市场因素。市场因素分析参见表 6–4。

表 6–4　市场因素分析

因素名称	渠道选择
购买批量大小	购买批量大，多采用直接销售；购买批量小，除通过自设门店出售外，多采用间接销售
消费者的分布	某些商品消费地区分布比较集中，适合直接销售；反之，适合间接销售。在工业品销售中，本地用户产需联系方便，因而适合直接销售；外地用户较为分散，通过间接销售较为合适
潜在顾客的数量	若消费者的潜在需求多，市场范围大，宜选择间接分销渠道；若潜在需求少，市场范围小，生产企业可直接销售
消费者购买习惯	生产企业应既直接销售，也间接销售，满足不同消费者的需求，增加产品的销售量

（3）生产企业本身的因素。生产企业本身的因素分析参见表 6–5。

表 6–5　生产企业本身的因素分析

因素名称	渠道选择
资金能力	若企业资金雄厚，可自由选择分销渠道，建立自己的销售网点，也可选择间接分销渠道。若企业资金薄弱，则须依靠中间商进行销售和提供服务，大多只能选择间接分销渠道
销售能力	生产企业在销售力量、储存能力和销售经验等方面具备较好的条件时，应选择直接分销渠道；反之，则应选择间接分销渠道。另外，企业如能和中间商进行良好的合作，或能对中间商进行有效控制，可选择间接分销渠道；若中间商不能很好地配合或不可靠，恐会影响产品的市场开拓和经济效益，宜开展直接销售
提供的服务水平	中间商常希望生产企业能尽量多地提供广告、展览、修理、培训等服务项目，为销售产品创造条件。若生产企业无意或无力满足这些方面的要求，生产企业宜自行销售；反之，则应选择间接分销渠道
发货限额	生产企业为了合理安排生产，会对某些产品规定发货限额。发货限额高，有利于直接销售；发货限额低，则有利于间接销售

（4）经济收益。不同分销途径经济收益的大小，也是影响选择分销渠道的一个重要因素。对于经济收益的分析，主要考虑成本、利润和销售量。具体的经济权益分析参见表 6–6。

表 6–6　经济收益分析

因素名称	说明
销售费用	销售费用是指产品在销售过程中发生的费用。它包括包装费、运输费、广告宣传费、陈列展览费、销售机构经费、代销网点和代销人员手续费、产品销售后的服务支出等。一般情况下，减少流通环节可降低销售费用，但要综合考虑减少流通环节的程度，既要节约销售费用，又要有利于生产发展，体现经济合理的要求
价格	在价格相同条件下，进行经济效益的比较。目前，许多生产企业都以同一价格将产品销售给中间商或最终消费者，若直接销售量等于或小于间接销售量，由于生产企业直接销售时要多占用资金，会增加销售费用，所以，间接销售的经济收益高，对企业有利；若直接销售量大于间接销售量，而且所增加的销售利润大于所增加的销售费用，则选择直接销售对企业有利
	当价格不同时，进行经济收益比较，主要考虑销售量的影响，若销售量相等，直接销售多采用零售价，价格高，但支付的销售费用也多；间接销售多采用出厂价，价格低，但支付的销售费用也少。可以通过计算两种分销渠道的盈亏临界点作为选择的依据。当销售量大于盈亏临界点的数量，选择直接分销渠道；反之，则选择间接分销渠道。在销售量不同时，则要分别计算直接分销渠道和间接分销渠道的利润，并进行比较，一般选择获利的分销渠道

（5）中间商特性。各类、各家中间商的实力、特点不同，在广告、运输、储存、信用、联系人员、送货效率方面具有不同的特点，从而影响生产企业对分销渠道的选择。

① 中间商的行业差异对生产企业分销渠道的影响。例如，行车记录仪厂家考虑分销渠道，既可与汽车厂家签订独家合同，要求其只安装该品牌的产品；也可借助通常使用的渠道，由批发商转卖给零售商；还可寻找一些愿意经销其品牌的汽车经销商等。

② 中间商的数目不同对生产企业分销渠道的影响。按中间商数目的多少，可选择密集分销、选择分销、独家分销。

③ 消费者的购买数量对生产企业分销渠道的影响。消费者购买数量小、次数多，可采用长渠道；反之，购买数量大，次数少，则可采用短渠道。

④ 竞争者状况对生产企业分销渠道的影响。当市场竞争不激烈时，可采用与同竞争者类似的分销渠道；反之，则采用与竞争者不同的分销渠道。

2. 分销渠道的结构类型

分销渠道按照不同的标准可分为不同的结构类型。无中间商介入称为直接分销渠道。直接分销渠道（也称零阶渠道）是指没有中间商参与，产品由生产者直接销售给用户的渠道类型。工业品销售多采用此类型，其方式有上门推销、邮寄、电话销售、自建零售店等，具有直接沟通信息，有利于满足消费者需求，交易便利，减少中间环节，价格低廉等特点。在产品需要提供相应服务的情况下，其优势更大。

生产者通过一定的中间商将产品销售给用户称为间接分销渠道。间接分销渠道是指有一级或多级中间商参与，产品需要经过一个或多个中间环节销售给用户的渠道类型。它具体包括以下结构类型：

（1）按中间商的层级数划分。按产品从生产者转移到用户过程所包含的中间商购销环节的数量，可分为零阶渠道、一阶渠道、二阶渠道和三阶渠道（也称多阶渠道），参图 6–5。

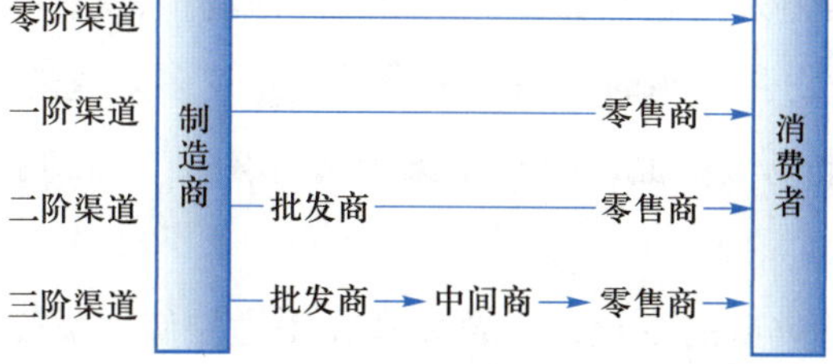

图 6–5　不同层级的分销渠道

在工作中，一般把零阶渠道和一阶渠道归为短渠道，二阶渠道和三阶渠道归为长渠道。长渠道与短渠道的优劣势对比参见表 6–7。

表 6–7　长渠道与短渠道的优劣势对比

类型	优点及适用范围	缺点及基本要求
长渠道	市场覆盖面广；企业可以将渠道优势转化为自身优势；一般消费品销售较为适宜；可以减轻企业的费用压力	厂家对渠道的控制程度较低；增加了渠道服务水平的差异性和不确定性；加大了对经销商进行协调的工作量
短渠道	厂家对渠道的控制程度较高；专利品、贵重商品较为适用	厂家要承担大部分或部分渠道功能，必须具备足够的资源；市场覆盖面较窄

（2）按同一层级中间商数量划分。根据在渠道中各环节使用同类型中间商数目的多少，可分为独家分销、密集分销（也称为宽渠道和窄渠道）和选择分销三种渠道，参见表 6–8。

表 6–8　独家分销、密集分销和选择分销的比较

分销类型	含义	优点	缺点
独家分销	在既定市场区域内每个渠道层面只有一家经销商运作	竞争程度低；厂家与经销商的关系较为紧密；适用于专用产品的分销	缺乏竞争，顾客的满意度可能会受到影响；经销商对厂家的反控制能力较强
密集分销	凡是符合厂家要求的经销商均可参与分销	市场覆盖率高；比较适用于快速消费品的分销	经销商之间的竞争容易使市场混乱，甚至破坏企业的营销意图，渠道的管理成本和费用比较高
选择分销	从申请者中选择一部分作为经销商	优缺点介于独家分销和密集分销之间	

（3）按企业选择渠道模式划分。根据企业选择渠道模式种类的多少，可分为单渠道与多渠道。单渠道是指生产者在一定的目标市场中，只选择一种分销渠道的模式。多渠道是指生产者在一定的目标市场中，选择多种分销渠道的模式。生产者在建立分销渠道时多采用多渠道模式，多渠道模式的优点是能降低销售成本，增加市场覆盖面；缺点是渠道合作困难，较难控制，易产生渠道冲突。

上述分销渠道类型的变化，主要体现在渠道层级、宽度、广度的变化上。

分销渠道设计和策划者应综合渠道选择的影响因素和渠道结构特点，设计出几种合理的分销渠道设计方案。

3. 分销渠道评估

分销渠道评估的实质是从那些看起来似乎合理但又相互排斥的方案中选择最能满足企业长期目标的方案，评估渠道设计方案可按经济性、可控性和适应性的标准进行，选择渠道设计方案方法可按财务方法、交易成本分析法、经验法进行。

评估分销渠道设计方案的标准：

（1）经济性标准。先进行渠道费用成本分析，综合考虑渠道建设成本、管理成本、利益分配成本、培训成本等各种经济指标，再判断不同渠道方案的经济性。

（2）可控性标准。即根据渠道结构特点、企业发展阶段、品牌影响力、渠道管理能力，评估企业对所选择渠道的可控性。既要满足企业和分销商的共同利益最大化，又要保证企业对分销渠道的影响力和控制能力。

（3）适应性标准。在进行各分销渠道评估时，需要考虑分销渠道是否具有以下几种适应性。

① 地区适应性。在某一地区建立产品的分销渠道，应充分考虑该地区的消费水平、购买习惯和市场环境，并据此建立与之相适应的分销渠道。

② 时间适应性。根据产品在市场上不同时期的适销状况，企业可采取不同的分销渠道与之相适应。如季节性商品在非当令季节就比较适合于利用中间商的吸收和辐射能力进行销售，而在当令季节就比较适合于扩大自销比重。

③ 中间商适应性。企业应根据各个市场上中间商的不同状态采取不同的分销渠道。如在某一市场上有一两个销售能力特别强的中间商，渠道可以窄一点；若不存在突出的中间商，则可选取较宽的渠道。

综上所述，在按经济性、可控性和适应性对于各分销渠道设计方案进行评估后，选择既能满足企业战略和发展目标，又能适应渠道策划的各种影响因素的合理分销渠道结构方案。

6.2.3 分销渠道成员选择

渠道成员的选择

优质的分销渠道成员与健全的分销渠道网络，既是企业重要的外部资源，也是企业建立稳定分销渠道的基础。建立分销渠道时应慎重选择分销渠道成员。

1. 寻找潜在的分销渠道成员

寻找潜在分销渠道成员的信息有两种信息源，分别是内部信息源和外部信息源。内部信息源包括利用地区销售队伍从现有分销渠道成员或销售队伍中获得潜在的渠道成员信息，以及利用公司内部人力资源关系网获得潜在渠道成员的信息。外部信息源包括行业协会、商会、展会、广告、网络等，也可利用分类电话簿、专业服务网站等寻找潜在的渠道成员。

2. 选择分销渠道成员

企业应选择既符合分销渠道战略又能完成渠道分销任务的渠道成员，应先确定选择渠道成员的原则，再确定渠道成员的选择标准。

分销渠道成员的选择，应遵循以下原则：

（1）易进入目标市场。企业选择分销渠道成员时，应关注其覆盖范围、历史经验、区域优势，以满足目标消费者方便、快捷购买产品的需要。

（2）匹配企业形象。企业分销渠道成员形象代表生产企业的形象，企业选择的渠道成员应与目标消费者心目中的企业声望、信誉、品质与服务相匹配。

（3）利于产品销售。企业在选择分销渠道成员时，要挑选那些对产品销售具有优势的分销商，关注其产品组合、促销能力，寻找能提升渠道效率的经销商。

（4）利于建立伙伴关系。选择分销渠道成员时，应了解分销渠道成员的合作意愿、动机及发展是否与本企业相符，以利于企业与分销渠道成员建立起战略伙伴关系，增强渠道网络的稳定性。

3. 评估确定分销渠道成员

评估确定分销渠道成员包括制定分销渠道成员的评估标准、与评估确定分销渠道成员。

分销渠道成员评估标准参见表 6-9。

表 6-9　分销渠道成员评估标准

标准	说明
财务状况	调查中间商的资产、负债、利润等财务相关情况
信用	通过金融机构、银行、合作伙伴、行业人士进行调查
销售力	调查中间商的销售额、销售人员素质、数量、绩效
产品线	调查中间商经销的竞争性、相容性、补充性、产品线
声誉	中间商的声誉与制造商战略的匹配性
市场覆盖力	中间商市场覆盖范围与制造商需要覆盖范围的匹配性

续表

标准	说明
绩效	中间商达到的市场份额（包括市场覆盖率、销售业绩等）
管理能力	管理机构、管理标准、管理质量、人员变动情况等
经营状况	经营宗旨与绩效、负债率、奖惩机制等
规模	组织机构、仓储、配送、销售额大小，选择与企业、产品战略相匹配的规模

评估确定分销渠道成员的程序：① 收集潜在的分销渠道成员信息；② 依据各项评估标准重要性进行加权，针对每个潜在的分销渠道成员打分；③ 从高到低进行排序，确定最终的分销渠道成员。

6.3 分销渠道管理策划

渠道成员间的通力合作，可确保制造商的物流、资金流、信息流畅通，保证渠道成员实现多赢，达成制造商的营销战略目标。

渠道管理指制造商为实现企业营销目标而对现有渠道进行管理，确保渠道成员间、企业和渠道成员间相互协调、通力合作的一切活动。因此，渠道管理是企业管理中非常重要的一项内容，通过维持和保持稳定的渠道网络、恰当的产品价格、有效的渠道产品推广等渠道管理措施，能维护和促进渠道成员间的相互关系，确保渠道成员的利益，促进渠道成员相互合作，保证企业持续成长。

【策划解码】

华为的渠道管理优化实践

背景与情境：华为是全球领先的信息与通信技术（ICT）解决方案提供

商，业务涵盖电信设备、智能终端、云计算等多个领域。华为在早期主要依靠直销模式拓展市场，但随着企业业务（如服务器、存储）和消费者业务（如智能手机）的快速扩张，单一的直销模式难以满足市场需求，特别是在海外市场，本地化服务能力不足、渠道覆盖有限等问题日益突出。

2012 年前后，华为开始全面调整渠道战略，从“以直销为主”转向“渠道伙伴为核心”的混合模式，目标是降低运营成本、提高市场渗透率，增强区域市场响应速度。华为的渠道管理优化主要围绕架构分层、数字化赋能、激励与考核三大核心展开。

1. 分层级渠道架构，精准覆盖市场

华为将全球渠道伙伴分为三级，确保不同层级的合作伙伴能够精准服务目标客户。一级经销商：具备较强的资金和仓储能力，负责区域分销和物流支持。二级代理商：聚焦行业客户，提供定制化解决方案，通常具备华为技术认证资质。认证合作伙伴：覆盖本地中小企业市场，提供快速交付和售后服务。

2. 数字化赋能，提升渠道效率

华为推出“云伙伴计划”，构建了完整的数字化渠道支持体系。① 在线培训与认证：合作伙伴可通过华为企业学习平台获取产品培训、销售技巧等课程，并通过考试获得资质认证。② 智能销售工具：提供“华为 e+”（数字化营销平台），帮助代理商生成报价、管理客户关系，并实时查看库存和订单状态。③ 大数据分析：基于销售数据，华为可动态调整渠道策略，例如，在东南亚市场发现某类服务器需求激增后，迅速调整当地代理商的备货优先级。

3. 激励与考核机制，确保渠道健康

华为既激励优秀伙伴，又严格管控违规行为。① 动态返点政策：合作伙伴的返点比例取决于销售额、技术认证等级和客户满意度。② 负面清单管理：严禁低价倾销、跨区窜货等行为。2020 年，华为清退了 3% 的违规渠道商，并设立“黑名单”制度，有效遏制了市场混乱。③ 年度评优机制：表现优异的代理商可获得更高授权、优先项目支持，甚至受邀参加华为年度合作伙伴大会，增强归属感。

问题：试分析华为在渠道管理方面为中国企业提供了哪些经验。

分析提示：华为的分层管理可精准匹配不同客户需求，避免渠道冲突；通过数字化技术工具，大幅提升渠道效率，降低沟通成本；合理的返利和严格的合规管理则是渠道健康发展的关键。这一案例表明，优秀的渠道管理不仅能提升销售效率，还能增强企业的市场竞争力。

6.3.1 分销渠道的激励与扶持

分销渠道管理重要的内容之一就是激励渠道成员。激励渠道成员是指制造商为调动分销渠道成员的积极性，促进渠道成员通力合作，达成制造商的分销渠道目标所采取的措施。

分销渠道的激励与扶持是指制造商部分地参与经销商经营管理工作，保证经销商把更多的精力投入销售工作，让经销商感受到与制造商合作的价值。

1. 激励渠道成员

制造商进行分销渠道激励与扶持主要有两种方法：一是直接激励，二是间接激励。

（1）直接激励。指通过提供物质和金钱奖励来肯定经销商在销售量和市场规范操作方面的成绩。返利、价格折扣、促销活动、市场基金等是最常用的方法。

① 返利，有过程返利和销量结果返利两种。过程返利是一种直接管理销售过程的激励方法，主要用于考察市场销售的规范性。销量结果返利的目标是提高销售量，直接刺激经销商销售和加大进货力度。在采用返利方法时，注意要综合考虑返利的标准（品种、数量、额度、等级水平）、形式（货物、钱）、时间（返利周期、起止日期）及相关的附属条件。

② 价格折扣，是制造商针对经销商需要制定不同的价格优惠政策，包括数量折扣、层级折扣、现金折扣、季节折扣等。

③ 促销活动，制造商可用自己负担或和经销商共同分担的方法开展促销活动。在进行促销活动时要注意促销目标、促销力度、促销内容、促销时间、考评方法、费用申报、活动管理的设计与企业营销目标保持一致。在活动中，制造商也要派人员协助经销商进行产品陈列、活动安排、培训等事宜。

④ 市场基金，是指给经销商一个额度，用于调动经销商经销合作的积极性。如设立合作基金、开拓基金、发展基金等。

（2）间接激励。间接激励就是通过帮助区域代理商和其他经销商获得更好的提高销售水平的方法，使其掌握更高的技能，从而提高销售绩效的过程，而这一过程也加深了合作双方的感情联系。通常的做法有以下几种形式：

① 培训经销商。例如，成立专门为代理商提供各类培训服务的机构，落实企业的渠道策略。通过培养企业销售体系需要的专业人才，提高合作伙伴的管理水平、增值能力、销售推广能力和商务、宣传、服务的规范，提升渠道体系

的综合竞争力，使合作伙伴与企业共同成长。

② 向经销商提供营销支持。帮助经销商建立进销存报表、安全库存数，进行先进先出的库存管理。进销存报表的建立，可以帮助经销商了解某一周期的实际“销化”数量和产生的利润；安全库存数的建立，可以帮助经销商合理安排进货。先进先出的库存管理，可以减少即期品（即将过期的商品）的出现。

2. 扶持经销商

对经销商的扶持是指通过协助经销商进行销售管理，提高经销商的销售效率和效果，激发经销商销售产品的积极性。企业经常采用产品管理、终端管理、客户管理、开拓市场、产品服务支持等方法协助经销商。

通过对经销商提供间接和直接激励，企业可与经销商发展长期合作关系，但是对经销商的激励必须适度。否则，过频的激励会降低激励的效果，过低水平的激励收不到预期的激励效果，过高水平的激励又将提高制造商的成本。因此，对经销商采用激励措施时，应根据不同的对象采用不同的方法，要先评估后激励，实施前也要先确定好激励的水平和频度。

6.3.2 分销渠道的检查与调整

分销渠道网络的构建并不是一劳永逸的，生产商必须定期检查中间商的表现、评估渠道绩效，并在此基础上对分销渠道的结构和政策进行必要的评估、调整和修改，以提高分销渠道的绩效、增强分销渠道的活力，以实现分销渠道目标。

1. 分销渠道检查

分销渠道建立起来后，生产商必须定期按一定标准衡量中间商的绩效，如销售量达成情况、库存、破损处理、促销合作、货款结算、交货时间等，评估是否取消那些影响渠道绩效的中间商。

（1）渠道绩效评估流程。渠道绩效评估指生产商应用科学的方法对其分销渠道系统绩效进行客观的考核与评价。企业应建立渠道绩效评估标准，制定渠道绩效评估制度。

① 建立渠道绩效评估标准。建立渠道绩效评估标准是进行公平、公正的渠道绩效评估的基础，渠道绩效评估标准应采用历史比较或区域比较方法，从渠道组织、渠道运行、渠道服务、渠道经济性角度来建立。其示例参见表 6–10。

表 6-10　某生产制造商渠道绩效评估标准示例

项目	内容	标准	评分
渠道组织（20%）	管理人员素质（10%）	大专以上学历，一年以上工作经验	
	终端控制比例（10%）	终端控制 50%	
渠道运行（40%）	覆盖率（10%）	达成目标 90%	
	渠道冲突（10%）	适度	
	销售量（20%）	占总销售额 70%	
渠道服务（20%）	信息沟通（5%）	准时呈报公司报表	
	物流服务（5%）	准时、准确交付	
	促销效率（5%）	信息、物件准时送达	
	顾客投诉（5%）	投诉率小于千分之一	
渠道经济性（20%）	渠道费用（10%）	达到公司标准	
	渠道利润（10%）	达到公司标准	

② 制定渠道绩效评估制度。制定渠道绩效评估制度是提高生产者分销渠道效率的好方法，为管理者提供了一个了解制造商渠道现有水平与实现营销目标渠道绩效水平的机会。定期的渠道绩效评估可使管理者及时认清分销渠道的差距，及时改进，保持分销渠道与制造商营销目标的一致性。

（2）渠道绩效评估。企业应从分销渠道管理组织、渠道运行状况、渠道服务质量和渠道经济效果四方面进行渠道绩效评估，见表 6-11。

表 6-11　渠道绩效评估

要素	说明
渠道管理组织	评估渠道管理组织绩效，先评估渠道管理人员的素质能力是否达到渠道管理人员所需的素质和能力要求，再评估生产商对渠道终端的控制能力
渠道运行状况	按渠道通畅性、覆盖面、流通能力及渠道冲突性进行评估
渠道服务质量	从渠道信息功能、实体功能、促销功能的执行情况进行评估
渠道经济效果	渠道投入产出评估。投入评估是分析评估渠道费用，常用历史比较法与区域比较法，用渠道总成本、单位产品渠道成本、分产品渠道成本、销售利润率、资产收益率等指标。产出评估是分析评估渠道的销售量（额），采用销售量、销售额、市场占有率等指标

2. 分销渠道调整

检查与评估分销渠道后，为了适应不断变化的环境，应及时改进影响渠道效率的渠道安排。调整分销渠道涉及调整中间商、调整分销渠道、建立新的分销方式三种。

（1）调整中间商，增加或减少个别的中间商。由于每种产品的生命周期是不同的，因此，极少有一直保持竞争优势的分销渠道。应根据不同生命周期的特点选用不同的渠道结构。

（2）调整分销渠道，增加或减少特定的分销渠道。现有分销渠道不可避免地会与理想渠道产生差距，必须及时调整。如当消费者购买行为发生变化时，要选择更能适应这一变化的新渠道。

（3）建立新的分销方式。这是指在一个特定的市场上，建立新的分销或销售货物的方式。

【商道明灯】

乳制品企业渠道管理中的道德规范建设

背景与情境：某知名乳制品企业曾因渠道成员道德失范陷入危机。其华北地区经销商为追求短期业绩，将低价区域的奶粉窜货至华东市场，破坏了区域价格体系。更有甚者，部分经销商为抢占终端货架，向超市采购人员支付“陈列贿赂”，导致合规经销商利益受损，消费者对促销活动真实性产生怀疑。

这种渠道生态的混乱，本质是道德规范建设的缺位。企业随即启动“阳光渠道计划”：一方面建立渠道成员道德档案，运用区块链技术对窜货、商业贿赂等行为进行溯源追踪并纳入黑名单；另一方面联合行业协会制定《乳制品渠道道德公约》，明确价格自律、公平竞争等准则，同步搭建线上举报平台实现动态监督。通过每月开展“道德合规沙盘演练”互动，该乳制品企业结合真实案例引导经销商理解“短期利益靠投机，长期发展靠诚信”的商业逻辑，强化“以义取利”的价值观塑造。

整改后，该企业渠道冲突投诉率下降 62%，经销商续约率提升至 91%。

问题：渠道管理中应该如何规范道德建设？

分析提示：渠道管理不仅是物流与价格的协调，更是商业伦理的共建。当渠道成员将“诚信经营”“公平竞争”等道德准则内化为行为自觉时，才能形成可持续的渠道生态，这正是新时代营销伦理中“义利统一”价值观的生动实践。

6.3.3 分销渠道创新

1. 渠道创新的动力

经济的发展必然带来分销渠道的变革。市场竞争日趋增强的激烈性和对抗性，要求企业经营更加深入化和细致化，要求其提高对市场资源的可控程度。面对市场经营从粗放型向集约型转变的新环境，传统渠道模式在效率、成本及可控性等方面的劣势日益突出。而分销渠道作为企业最重要的资源之一，其“自我意识”和不稳定性对企业的经营效率、竞争力和经营安全形成的局限与威胁逐渐显现，因而对分销渠道的重新整合成为企业关注的重点。概括起来，分销渠道创新的主要动力来自以下几个方面：

（1）旧的渠道结构无法满足市场发展的需求。我国市场分销渠道的发展已进入重视消费者阶段，其表现特征是一切以消费者满意为目标。这就要求产品要以最方便的途径让消费者购买，要求厂家要以最快的速度对消费者的购买需求和评价作出反应。然而，松散的、间接型的传统渠道模式制约了厂家与消费者的直接沟通，影响了渠道效率。

（2）分销渠道成本控制成为渠道管理的重点。竞争愈加充分，企业利润变薄，渠道成本的控制举足轻重。许多领域供大于求，市场竞争日渐激烈，商品价格日趋下降，企业利润越来越低，进入微利时代，渠道利润空间也相应越来越小。这促使渠道成本控制成为必然。

（3）对分销渠道的辐射力和控制力要求更高。当企业规模越来越大，其品牌影响力也不断增大，为了规避渠道风险并为后续产品奠定渠道基础，对分销渠道辐射力和控制力的要求也变得更高。一些企业甚至可以凭借自身的财力和市场管理经验组建自己的分销网络，如对经销商实行特许经营，把渠道成员纳入自己管理的规范体系。从市场竞争的需要和企业长远的利益来看，掌握渠道主动权具有十分重要的意义。

（4）新技术的出现和广泛运用。随着以人工智能为代表的新技术和新的经济模式的出现，智慧化、精准化的新销售模式得到了广泛的应用，这也不断催生新的分销渠道模式。

2. 渠道发展趋势

随着市场竞争的加剧，渠道市场迅速发展，渠道创新的速度越来越快，营销渠道出现了许多新的发展趋势。

（1）大型化。批发商、零售商作为营销渠道中的主要环节，正日趋走向大型化和规模化，众多的“巨无霸”式的超大企业、连锁企业，在各国都发挥着越来越重要的作用，在激烈的市场竞争中有了更大的优势。

（2）多渠道组合。多渠道组合的核心思想是企业建立两个或更多的营销渠道，以达成一个或多个市场目标的做法。多渠道组合的原则，包括利润目标、渠道覆盖面与满足重点目标的统一和渠道冲突的化解。

多渠道组合的类型包括：① 集中型组合方式，把多条营销渠道在单一的产品市场进行组合，这些渠道间彼此重叠，相互竞争。② 选择型组合方式，针对不同的细分市场，采取不同的渠道模式进行产品的分销，多种渠道之间既互不重叠，也互不竞争。③ 混合型组合方式，是指对上述两种组合方式的综合运用。

【策划瞭望】

技术驱动全渠道发展

当前，全渠道建设正经历从“渠道整合”到“生态重构”的质变。5G 与物联网技术推动线下门店向“智能体验终端”转型，某美妆品牌通过 AR 试妆镜实现线下体验数据与线上订单系统的实时互通，使试妆转化率提升 3 倍，这种“线下体验 + 线上下单”的混合模式正成为标配。而区块链技术构建的分布式库存网络，让区域经销商的仓储数据接入品牌中央管理系统，某乳制品企业借此实现全国 300 家门店的库存共享，滞销品调拨效率提升 70%。

在消费场景层面，全渠道正突破物理边界形成“无界零售”。社区团购的团长既是线下提货点负责人，又是线上社群的流量入口，某生鲜品牌通过团长私域流量实现 3 公里内 30 分钟达的即时配送网络；而直播间则成为动态货架，主播通过实时互动数据调整选品策略，某服饰品牌在抖音直播间设置“门店同款优先购”按钮，带动线下客流反哺 15%。这种场景融合催生了“云货架”“虚拟导购”等新形态，消费者可通过手机扫描线下海报进入 3D 商品展厅，完成从“种草”[①] 到售后的全流程体验。

未来，渠道发展将呈现“技术底座 + 生态协同”的双轨模式。AI 算法基于全域消费数据生成“千人千面”的渠道触达策略；而渠道成员间的协同从交易关系升级为价值共生。例如，某连锁商超与品牌商共建“前置仓 + 门店”的混合履约体系，既满足线上订单的即时配送需求，又优化线下库存周转。

① 种草，网络流行语，指专门给别人推荐好货以诱人购买的行为。

这种发展路径打破了传统渠道的零和博弈，通过数据共享与能力互补，让线上线下从竞争关系变为共生生态，正成为数字经济时代的全渠道建设核心竞争力。

（3）网络分销的发展。网络分销是指企业以电子信息技术为基础，以计算机网络为媒介和手段而进行的各种分销活动的总称。网络作为一种全新的生产力，在控制成本、提高利润，覆盖面广阔，买卖双方互动、市场信息反馈及时准确，定制式生产等方面具有明显优势。网络分销是具有较大经济价值的领域，必将成为营销渠道的发展趋势。

（4）以终端市场建设为中心。以终端市场建设为中心的表现就是直销。直销是指以面对面且非定点之方式，销售商品或服务，直销者绕过传统批发商或零售通路，直接从顾客接收订单。

（5）渠道结构扁平化。渠道扁平化，就是尽量减少流通环节，由此来实现成本优势，还可以减少中间环节过多导致的信息失真。渠道结构扁平化有利于更好地满足消费者的需求，了解市场真实信息，有利于管理和服务经销商，控制和驾驭经销商，有利于加大对消费者的宣传力度，有利于开展终端促销活动，消化库存，做到真正提高市场占有率，有利于建立品牌。

学习训练

▲ 单选题

1. 分销渠道的实质是（　　）。

A. 商品实体流动的路径　　B. 商品所有权转移的通道

C. 企业资金周转的流程　　D. 信息传递的媒介

2. 以下不属于中间商功能的是（　　）。

A. 信息收集　　B. 资金融通　　C. 产品研发　　D. 风险承担

3. 企业直接通过电商平台向消费者销售产品，属于（　　）。

A. 零级渠道　　B. 一级渠道　　C. 二级渠道　　D. 三级渠道

4. 渠道长度是指（　　）。

A. 渠道中同一层级中间商的数量

B. 产品从生产者到消费者经过的中间环节数量

C. 渠道覆盖的地理范围

D. 渠道成员之间的合作年限

5. 分销渠道冲突管理的核心目标是（　　）。

A. 彻底消除冲突　　B. 提高渠道控制力

C. 实现成员利益平衡　　D. 减少中间商数量

▲多选题

1. 分销渠道的功能包括（　　）。

A. 收集与传播信息　　B. 配送商品

B. 寻找顾客　　D. 促销

2. 分销渠道的业务流程包含（　　）。

A. 商流　　B. 物流　　C. 资金流

D. 信息流　　E. 促销流

3. 分销渠道结构设计需要考虑的因素包括（　　）。

A. 产品特性（体积、价值、易腐性）

B. 目标市场的地理分布

C. 企业自身的资金实力

D. 竞争对手的渠道策略

4. 渠道成员激励的常用方法有（　　）。

A. 销售返利　　B. 提供市场推广支持

C. 限制进货量　　D. 培训与技术支持

5. 短渠道的优势体现为（   ）。

A. 降低流通成本　　B. 加快信息反馈

C. 扩大市场覆盖　　D. 增强价格控制力

▲ 判断题

1. 渠道越长，制造商对终端的控制力越强。（   ）
2. 渠道整合的核心目标是通过合并所有渠道类型以消除竞争。（   ）
3. 对中间商的激励包括直接激励与间接激励，但间接激励的作用可以忽略。（   ）
4. 全渠道营销要求企业线上线下价格必须完全一致。（   ）
5. 数字化工具（如 CRM 系统）可提升渠道成员间的协作效率。（   ）

▲ 案例分析

全渠道零售策划实践

背景与情境：

宜家，作为全球领先的家具和家居用品零售商，长期以来以其独特的自组装家具和体验式购物而著称。随着电子商务的兴起和消费者购物习惯的变化，宜家整合了线上线下渠道，提升购物体验。

宜家的渠道整合策略包括线上商城的建设、移动应用的开发，以及实体店的现代化改造。线上商城允许顾客浏览和购买宜家全系列产品，并提供便捷的家居设计咨询服务。移动应用则增加了增强现实（AR）功能，让顾客能够在自己的虚拟空间中预览家具摆放效果。同时，宜家对实体店进行了智能化升级，如设置自助结账区、提供电子导览服务等，以提高顾客的购物便利性。

宜家还通过大数据分析顾客的购物行为，优化了库存管理和产品推荐算法，实现了个性化营销。此外，宜家推出了线上预订、线下取货的服务，进一步整合了线上线下渠道，提升了顾客满意度。

问题：

（1）宜家如何通过渠道整合策略提升顾客的购物体验?

（2）在渠道设计和优化过程中，宜家采取了哪些措施以适应数字化零售的发展趋势?

分析提示：

同项目一本题型的分析提示。

▲ 策划演练

休闲零食渠道策划

如何通过有效的渠道设计策略，将休闲零食快速推向市场，满足消费者的特定需求，成为休闲零食品牌面临的一大挑战。

实训目标：

（1）帮助学生理解和掌握分销渠道策划的原则和程序。

（2）培养学生基于具体问题开展渠道策划的应变能力。

实训要求：

（1）正确运用渠道设计的程序与方法。学生需要能够识别和应用适合休闲零食的渠道设计方法。

（2）对渠道设计的具体内容有准确把握。学生需要能够理解渠道设计中的关键要素，如渠道结构与层级、渠道成员的选择与管理、物流管理等。

（3）教师需要提供一个休闲零食渠道策划报告的案例，供学生参考和学习。

（4）教师对学生提交的“渠道策划报告”进行指导、评价，确保报告的质量和准确性。

实训步骤：

（1）开展市场调研，了解休闲零食行业的主要消费者群体、消费习惯、购买偏好等。

（2）渠道分析与设计，根据调研结果，确定目标市场和目标消费者群体，选择合适的渠道层级和渠道成员。

（3）撰写“××品牌休闲零食渠道策划报告”，详细描述渠道设计的目标、渠道层级、渠道成员的选择与管理等。

组织形式：

以班级学习小组为单位，每小组完成一份“××品牌休闲零食渠道策划报告”。

考核要点：

（1）市场调研的准确性和调研数据的完整性、准确性。

（2）渠道设计的合理性。即渠道设计是否符合市场需求和目标消费者群体的特点。

（3）渠道策划报告的规范性。报告是否结构清晰、内容完整、逻辑性强。

项目七

数字营销策划

学习目标

// 素养目标 //

- 强化道德意识和法律观念，确保数字营销策划活动合法合规
- 树立创新意识，主动应用数字营销策划的新技术和新方法
- 增强大数据思维，养成数据驱动的新思维模式
- 培养进取精神，拥抱数字营销领域的快速发展

// 知识目标 //

- 了解数字营销的概念与常见形式
- 熟悉数字营销战略模型
- 掌握数字营销策划的原则与步骤
- 掌握内容营销、社交媒体营销的内涵、类型与策划要点

// 技能目标 //

- 能够有效分析数字营销目标用户并形成消费者画像
- 能够基于市场和用户洞察，设计有效的数字营销传播策略
- 能够设计包含创意和价值的内容营销活动
- 能够设计具有互动传播属性的社交媒体营销活动
- 能够编制数字营销预算，设计数字营销评估体系

// 策划谋略 //

- 单丝不成线，独木不成林

思维导图

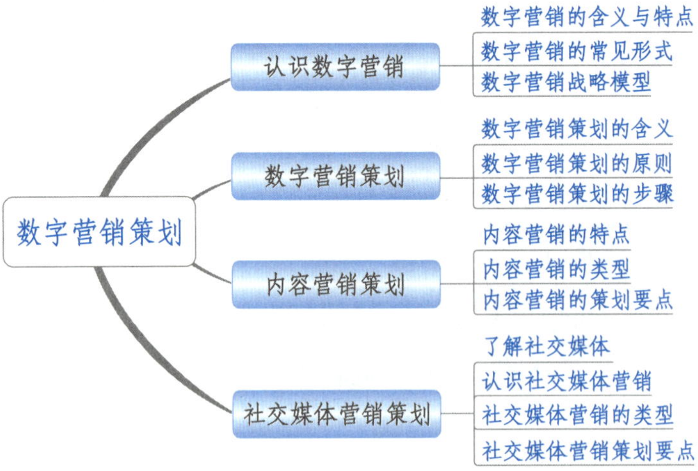

引例启思

全球咖啡连锁店的数字营销

星巴克不仅是一家全球咖啡连锁店，更是一家数字营销领先企业。

星巴克数字营销活动策划的成功，始于对顾客需求的深度挖掘。利用大数据和人工智能技术，星巴克能够捕捉每位顾客的消费习惯和偏好，进而为其提供量身定制的产品推荐和服务。个性化优惠券和新品试饮邀请，如同私人管家般贴心，有效提升了用户黏性和转化率。

星巴克的线上平台与实体门店紧密联动，顾客从预点单、支付，再到门店自提或享受店内服务，星巴克为顾客打造了一个从发现到交易的O2O闭环体验。

社交媒体上的创意营销活动，如“星巴克星杯大赛”、抖音“风味脱糖秀”、定制品牌短剧《我在古代开星巴克》等，更是将星巴克的数字营销活动策划推向了新的高度。随着技术的不断迭代更新，AR点餐、语音点单等前沿技术则保持了其在数字营销领域的技术领先优势。

如今，数字营销已不再是简单的在线广告或社交媒体推广，而是一种深入顾客生活、构建品牌忠诚度的全方位战略。本项目将深入探讨数字营销策划的内容，以及如何将这些策略和方法应用于实际的营销活动中，确保品牌信息的有效传播和营销目标的顺利实现。

7.1 认识数字营销

随着人工智能、大数据等相关技术的飞速发展，数字营销已成为连接品牌与消费者、创造市场新机遇的关键力量。解锁数字营销策划的密码，要从认识数字营销开始。

7.1.1 数字营销的含义与特点

1. 数字营销的含义

数字营销是一个相对宽泛和不断发展的概念，目前尚未出现统一的权威定义。

美国营销学会（American Marketing Association, AMA）对数字营销的定义是：使用数字技术、数字设备和网络来推广产品和品牌的活动。

创立于爱尔兰的数字营销学院（Digital Marketing Institute，DMI）认为，数字营销是指利用数字渠道，如搜索引擎、社交媒体、电子邮件、移动应用和网站等，以及各种数字技术手段，如数据分析和人工智能等，进行市场推广和销售的过程。

英国营销学者戴夫·查菲（Dave Chaffey）在其著作《数字营销：战略、实施与实践》中指出，数字营销可以简单地定义为：通过数字媒体、数据和技术实现销售目标。

在本教材中，数字营销是一种创新的营销方式，它运用大数据分析、人工智能等技术手段，在数字空间内实现品牌与消费者之间的信息沟通和商品销售。它既体现了数字营销思维，也包含了数字营销具体实施过程。

2. 数字营销的特点

数字营销主要有互动性、个性化、精准性、可测量性、技术驱动等特点。

（1）互动性。互动性是数字营销的一个关键特征，它改变了传统营销中单向传播的方式。通过社交媒体、在线社区和即时通信工具，品牌可以与消费者进行直接交流，获取即时反馈，从而更好地了解客户需求并及时作出调整。有学者认为，在数字时代，品牌需要与消费者建立对话，而不仅仅是单向的信息传递。例如，一家餐厅可以通过微博或微信发起话题讨论，邀请粉丝分享他们最喜爱的菜品，从而增加与粉丝的互动性。

（2）个性化。个性化是数字营销的另一个重要特征。借助大数据分析工具，企业可以深入了解消费者的兴趣和行为模式，从而定制更符合个人需求的内容和体验。这不仅提高了用户体验，还能增加客户的忠诚度和满意度。营销学者指出，个性化是数字营销的核心之一，它能够显著提高客户满意度和转化率。例如，电子商务网站可以根据用户的浏览记录为其精准推荐个性化商品。

（3）精准性。精准性是数字营销的一个独特优势。通过收集和分析大量数据，企业可以更准确地识别潜在客户，进而将营销资源集中在最具潜力的消费群体上。这种精准定位有助于提高营销活动的投资回报率。例如，一家在线广告平台可以根据用户的搜索历史和兴趣标签，将广告精准地投放给对其最有可能感兴趣的消费者。

（4）可测量性。可测量性意味着企业可以通过各种数字营销工具来监控和分析营销活动的性能，从而更好地评估营销策划的效果，并据此作出调整。这包括追踪网站流量、转化率、社交媒体参与度等关键指标。例如，在线购物平台可以通过数据统计跟踪其广告的系列表现，从而了解哪些广告获得了更高的点击率。

（5）技术驱动。数字营销依赖于技术的不断发展，如人工智能、机器学习、自动化工具等，这些技术使营销活动更加高效和智能化。例如，人工智能可以帮助企业分析大量数据，优化广告投放策略；而自动化工具则可以简化营销工作流程，提高运营效率。

【策划瞭望】

数字营销看中国：创新与成就

中国数字营销领域的发展呈现出多元化和创新性的特点，突出反映在以下三个方面。

一是移动支付与 O2O 服务。中国以其庞大的移动支付市场领先全球，中国移动支付用户规模已超过 10 亿人。其中，微信支付和支付宝等平台极大地推动了 O2O 服务的发展。例如，美团通过其应用提供一站式的本地生活服务，包括餐饮、外卖、酒店预订等，成为中国领先的服务平台之一。

二是社交媒体营销。中国社交媒体用户规模庞大，为数字营销提供了丰沃的土壤。创新的营销形式，如短视频营销、直播带货等，在抖音等平台上大放异彩，有效提升了品牌曝光度和用户参与度。

三是大数据与人工智能技术的应用。中国企业在大数据和人工智能技术应用方面取得显著发展，为数字营销提供了精准的消费者洞察。例如，淘宝利用大数据和人工智能技术进行个性化商品推荐，显著提升了用户转化率。

7.1.2 数字营销的常见形式

数字营销的形式，是指企业或组织使用数字技术和平台来推广产品、服务或品牌的方法或手段。常见的数字营销形式有内容营销、社交媒体营销、移动营销、数字广告营销、搜索引擎营销、大数据营销等。

1. 内容营销

内容营销是通过创建和分发有价值、相关和一致的内容来吸引和保留明确的目标受众，吸引和留住目标受众。内容营销的核心在于与目标受众之间建立起信任和长期关系，最终推动顾客购买，而不是“强硬”推销产品或服务。其内容的形式包括文字、图片、视频、音频、直播等。例如，一家健康食品品牌发布了一系列视频教程，分享健康饮食知识，以此吸引感兴趣的目标受众。

2. 社交媒体营销

社交媒体营销是利用社交媒体平台的特性来推广产品、服务或品牌，以及与目标受众建立互动关系的数字营销方式。它不仅包括内容创作，还包括分享传播与引导用户参与。其核心是通过与用户建立社交联系，来提高品牌知名度和影响力。例如，一家时尚服装品牌在抖音上举办挑战赛等活动，鼓励用户分享穿着其产品的短视频。

3. 移动营销

移动营销是通过移动设备平台和技术来推广产品、服务或品牌，它具有便携性、实时性和高用户参与度的特点。例如，一家快餐连锁店开发自己的应用程序 App，提供订单预订服务；或者开发微信小程序，方便用户快速完成下单和支付操作。

4. 数字广告营销

数字广告营销是在数字媒体上呈现广告内容的一种营销方式。数字媒体包括互联网、社交媒体平台以及其他数字渠道，数字广告利用这些平台和渠道来传播广告信息，以吸引潜在客户并推动销售。

数字广告的主要形式有：

（1）搜索引擎广告：在搜索结果页面上投放，关联呈现的关键词广告。

（2）社交媒体广告：在微博、微信朋友圈等社交媒体平台上的赞助内容。

（3）展示广告：在网站上展示的横幅广告或弹窗广告。

（4）视频广告：在视频平台上播放的视频广告。

（5）原生广告：与所在媒介环境自然融合，像原生内容一样传递品牌信息的广告。

（6）移动广告：专为移动设备设计的广告，如移动应用内的开屏广告、贴片广告等。

（7）电子邮件广告：通过电子邮件发送的广告信息。

5. 搜索引擎营销

搜索引擎营销（Search Engine Marketing，SEM）是一种数字营销方式，旨在增加营销内容在网站上的可见性和流量，特别是在搜索引擎结果页面中获得更高的排名。搜索引擎营销主要通过投放付费点击广告和搜索引擎优化来进行。

（1）付费点击广告（Pay Per Click，PPC），是指通过向搜索引擎支付费用，来确保特定关键词的广告出现在搜索结果的顶部或侧面。广告商通过竞价获得广告位置，每次用户点击广告时，广告商均需要支付一定费用。例如，一家婚纱摄影馆在某搜索引擎上投放 PPC 广告，当用户搜索“婚礼摄影服务”或“婚纱照风格推荐”等关键词时，其广告会出现在搜索结果的顶部。

（2）搜索引擎优化（Search Engine Optimization，SEO），旨在优化网站内容和结构，提高网站在搜索引擎中的自然排名，包括关键词研究、页面优化、链接建设等技术。SEO 的重点是获取免费的自然搜索流量，而不是投放付费内容。SEO 包括技术优化（如提升网站加载速度和移动设备友好性）和内容优化（如创建有价值、独特且相关的高质量关键词）两个方面。假设一家在线家具商店希望提高其在搜索引擎中的排名，吸引更多潜在顾客，可以使用关键词研究工具来识别与家具相关的高搜索量关键词，如“现代沙发”“实木餐桌”等，优化其产品页面；也可以通过压缩图片和使用缓存技术来提高页面加载速度，以给用户更好的体验。SEO 是一项持续性工作，需要不断地测试、调整和优化。

6. 大数据营销

大数据营销是运用大数据分析技术来深入了解消费者行为、市场趋势和用户偏好，从而制定和优化营销策略的过程。它侧重于从海量数据中提取有价值的信息，以实现更精准的目标市场定位和个性化营销，提高营销效率。

【策划解码】

香菜面如何成为爆品？

背景与情境：一个充满争议的食材，如何在短短几天内变身为全网追捧的爆款？这就是白象香菜面的真实故事。

白象香菜面是如何诞生的呢？通过对抖音平台上用户评论的深入分析，白象发现了一个惊人的事实：尽管香菜在美食界颇具争议，但其相关视频下的评论区总是热闹非凡，“香菜”话题的播放量更是超过了 40 亿次。这一发现，让白象意识到了香菜背后隐藏的巨大市场潜力。

借助抖音电商罗盘的专业数据分析工具，白象进一步确认了香菜面属于“高搜索，低供给”的类型，快速研发相关产品并投入市场。利用这一数据支持，白象通过创意营销活动，如快闪店和达人种草，将香菜面打造成了自带话题流量的爆品。

问题：试分析，大数据如何帮助白象香菜面从争议中突围，成为热议的爆品？

分析提示：香菜面的破圈看似偶然，实则是大数据洞察消费者需求的必然结果。在数字营销时代，大数据分析已成为企业解码市场趋势、捕捉消费者心理的重要工具。

7.1.3 数字营销战略模型

数字营销战略模型又称数字营销 4R 理论，包括数字化画像与识别（Recognize）、数字化覆盖与触达（Reach）、建立持续关系（Relationship）、实现交易与回报（Return）①。

数字营销战略模型旨在帮助企业更有效地应对数字化转型中的挑战，具有很强的针对性、战略性和可操作性，以下四个部分构成了战略闭环。

1. 数字化画像与识别

数字化画像与识别，是指利用大数据等技术对消费者的购物行为、消费偏好、人物特征等信息进行归纳分析，从而协助营销决策者精确勾勒出目标消费

---

① 资料来源：曹虎，王赛. 数字时代的营销战略［M］. 北京：机械工业出版社，2022.

者群体的形象轮廓，并据此制定有针对性的营销策略。

在传统营销时代，企业需要对目标消费者进行整体分析，多数企业通过抽样调查和归纳研究的方法进行分析。而在数字营销时代，企业能够充分利用大数据的力量，深入分析消费者的线上行为轨迹，例如，通过监测移动应用的使用习惯、挖掘支付数据以揭示购物喜好倾向，以及跟踪搜索引擎中反映出的用户兴趣点，企业可以将这些丰富的数据来源进行聚合，构建出翔实而精确的个人用户模型。正是这种对消费者行为深度挖掘技术和营销观念的革新，构成了数字时代最为突出的竞争优势。与传统的用户画像相比，消费者数字化画像更加立体、精确，并且是动态化的。

2. 数字化覆盖与触达

随着数字技术的发展与广泛应用，营销者与目标受众进行信息传递的介质发生了迭代革新，传统媒体对用户的触达效果有所削弱，新兴社交媒介强势崛起，依托智能定位、智能推荐、数字信号处理[①]等多种新兴触达手段，能够增加营销信息与用户之间的接触渠道，拓宽用户的覆盖范围。

3. 建立持续关系

企业在成功构建消费者数字化画像，并实现数字化覆盖与触达后，就初步建立了与潜在消费者的联系渠道。但要确保数字营销策略的实效性，企业还需进一步完成深度的顾客培育、建立持续关系的工作。企业基于对用户的精准洞察，可以细化用户分类，寻找忠实用户，构建专属的私域流量池。在私域流量池中，不断进行品牌曝光和关系维护，以构建双方持续性关系。

4. 实现交易与回报

实现交易与回报是 4R 数字营销环节的最后一步。企业在完成前三个环节以后，在这一阶段实现与消费者之间的交易，获得企业利润，它的本质是实现数字战略的交易回报。

企业可以通过对私域流量的深度运营，成功构建品牌社群，并进一步通过社群资格的商业化、社群价值的产品化、社群关注的媒体化、社群成员的渠道化以及社群信任的市场化等策略与框架，实现客户资产的变现。

---

① 即Digital Signal Processing，DSP。

7.2 数字营销策划

7.2.1 数字营销策划的含义

数字营销策划既可以是整体层面，也可以是单向层面。

整体层面的数字营销策划，涉及的是在同一战略目标指导下的一系列数字营销活动的系统设计。这类策划通常包括跨渠道的协调、统一的品牌信息传递以及整合的营销策略，旨在实现长期的品牌建设和市场渗透目标。例如，某零售企业的“双 11”大促活动策划，企业围绕着提升节日期间的销售额这一总体目标，可能会策划一系列的营销活动，包括社交媒体上的互动宣传、官方网站上的限时优惠、搜索引擎优化和付费点击广告等。

单向层面的数字营销策划，专注于为完成某几个特定目标而设计的独立数字营销活动。这类策划可能侧重于特定的营销渠道或活动，如社交媒体营销活动等，旨在实现短期内的具体营销目标。

在数字营销策划活动中，有两个重要的主体：营销者和消费者（用户），此外还有其他相关方，如各种类型的服务商和数字媒体等。

7.2.2 数字营销策划的原则

为了保证数字营销策划活动的指导性和操作性，在进行策划时，需要遵守一些基本的原则。

1. 利益相关者导向

在数字营销时代，世界是实时互联互通的。在这种环境下，营销策划者必须全面考虑各个利益相关者的利益，包括顾客、员工、合作伙伴、社会公众等。如果只关注单一利益相关者的利益，而忽略甚至牺牲了其他利益相关者的利益，就很可能会对企业造成负面影响。

【策划解码】

与利益相关者共赢

背景与情境：三顿半咖啡以其独树一帜的品牌定位和创新营销策略，迅速在众多咖啡品牌中脱颖而出。自 2015 年成立以来，三顿半咖啡不仅在天猫平台上屡创销售佳绩，更以其独特的“小杯装”设计和超即溶技术，重新定义了精品速溶咖啡。

三顿半咖啡的成功，是多方参与共创共赢的典型代表。通过与下厨房等平台的合作，三顿半咖啡将产品直接送达美食爱好者手中，这种开放的姿态不仅赢得了用户的好感，也为品牌带来了宝贵的一手反馈。此外，三顿半咖啡还推出“领航员计划”，选拔具有影响力的消费者成为品牌传播的“领航员”，让消费者成为品牌故事的共同讲述者。与运动健身应用 KEEP 和图书品牌“理想国”合作，精准对接目标受众，通过跨界营销让品牌不断出圈。

问题：试分析，三顿半咖啡如何通过数字营销策略与各方利益相关者建立共赢关系。

分析提示：三顿半咖啡的营销策略在于平衡不同利益相关者的需求，包括消费者、内容创作者、合作伙伴等，通过共创价值和共享成果来实现共赢。

2. 动态协同整合导向

数字营销策划强调不同营销元素和渠道之间的动态协同，以实现整合营销传播（Integrated Marketing Communications, IMC）。这要求策划者识别并利用不同营销渠道和工具之间的相互作用，以增强整体营销效果。

3. 技术与创意相结合原则

数字营销策划是在技术驱动下发展起来的，但是完全依靠技术还不够。技术必须和消费者的需求结合起来，并融入奇思妙想的创意，才能有良好的传播效果。随着人工智能生成内容（Artificial Intelligence Generated Content, AIGC）的发展，数据和技术也可以辅助创意的构思，甚至辅助产生创意传播方案。

【策划瞭望】

智能创意：AIGC 在数字营销领域的应用

AIGC 技术正在重塑数字营销，为广告主带来创新与效率的双重革新。在中国，近半数广告主已在线上营销活动中应用 AIGC 技术，尤其在内容创作和创意开发方面。

（1）素材制作：AIGC 产品，如阿里妈妈的“万相实验室”，通过 AI 模特和场景生成，极大简化了商品图的制作流程。

（2）短视频和直播：抖音的“即创”平台能够快速生成商品卡、图文、短视频脚本等内容，帮助商家提高内容产出速度。百度的“擎舵”支持一键生成多个脚本、数字人视频生成等功能，将原本数天的制作周期缩短至最少几分钟。

（3）智能投放：阿里妈妈的“UD 智汇投”通过智能筛选资源和流量，实现投放效果最大化。巨量引擎的“UBMax”可以全自动投放，通过模型感知竞价环境，可以优化投放时间并减少成本。

4. 经济性与道德性相结合原则

数字营销策划不仅要追求经济效益，还必须确保营销活动的道德性和社会责任感。为了坚持道德性原则，数字营销策划需要做到以下几点：

（1）传播真实信息：确保所有传达给公众的信息准确无误，避免误导消费者。

（2）遵守法律法规：严格遵守互联网及营销相关的法律法规及其他法律规定，确保所有营销行为合法合规。

（3）坚持正确导向：传递积极健康的价值观，加大正面的社会影响。

（4）保护利益相关者：尊重并维护所有利益相关者的权益，避免任何可能损害他们利益的行为。

（5）注重可持续发展：推动环保和社会责任项目，支持可持续发展的商业实践。

（6）关注消费者福祉：优先考虑消费者的健康和安全，提供有利于提升消费者福祉的产品和服务。

（7）透明沟通：保持与消费者的开放沟通，及时反馈问题并积极采取行动解决。

（8）支持社会发展：积极参与和支持社会公益活动，为社会的繁荣和发展贡献力量。

7.2.3 数字营销策划的步骤

数字营销策划的内容主要包括：市场分析及消费者洞察（Market Analysis and Consumer Insight），确定数字营销传播目标（Mission），制定信息传播策略与设计内容营销（Message），媒体监测与媒体渠道选择（Media），编制数字营销预算（Money），数字营销效果评估（Measurement），动态维护与提升（Maintenance and Improve），可以称为数字营销策划7M模型。

1. 市场分析与消费者洞察

深入有效的市场分析，是策划与创意的前提和基础。企业要重点收集行业数据，发现竞争环境、目标市场的特征，了解消费者行为、偏好、需求和购买过程，进而识别市场趋势、机会和潜在风险。

通过市场分析，可以形成消费者画像。根据用户在互联网上留下的种种数据，主动或被动地收集、记录与分析消费者的社会属性、生活习惯、消费行为，形成一系列标签，从而形成消费者画像。基于消费者画像，可以形成更全面深刻的消费者洞察。例如，一家新兴的健康食品公司分析社交媒体上的讨论趋势，发现越来越多的年轻消费者对绿色无添加的食品感兴趣。因此，公司将宣传重点聚焦于产品的自然成分和环保包装，并进行精准人群投放。

2. 确定数字营销传播目标

营销传播目标是指营销者识别沟通对象，并确定以何种传播渠道，通过数字营销活动要达到的沟通程度或销售效果。在数字营销时代，营销传播的目标倾向于沟通目标和销售目标的结合，以更好地实现“品效合一”。

3. 制定信息传播策略与设计内容营销

在数字营销策划中，信息传播策略的制定是核心环节，它决定了营销活动的方向和效果。信息传播策略重点解决以下三个问题：

（1）说什么——确定信息内容。即明确营销活动的关键信息和价值主张，这通常是基于市场分析和消费者洞察而得出的。信息内容应与品牌定位和目标受众的需求相匹配，确保信息的相关性和吸引力。

（2）怎么说——创意与表现手法。即信息传播的表现形式，它可以通过故事讲述、视觉设计、音频或视频内容来呈现。可以采用感性诉求（如寻求情感共鸣、增加幽默感等）方式，以触动受众的情感，与受众建立情感连接；也可以采用理性诉求（如数据支持、逻辑论证等）方式，以说服受众，展现产品的实用性和优势；还可以通过感性和理性诉求的结合，提供更全面的信息传递方式。

（3）由谁说——选择合适的传播媒介。即确定信息传播的渠道和媒介，这可能包括社交媒体、App、小程序、官方网站、视频平台等。选择与目标受众匹配的媒介，确保信息能够有效触达受众。借助 KOL 和行业影响者的影响力和可信度来传播信息。

在制定信息传播策略与策划内容营销时，需要把握三个要点：第一，传播主题是营销传播活动的灵魂，它决定着各个传播工具的使用，应简洁、明确，能够激发受众的兴趣，并与品牌形象保持一致。第二，传播文案向受众传递的具体文字、图形、符号等信息，应简洁有力，能够迅速抓住受众的注意力，并激发他们的行动。第三，创意与表现，应考虑目标受众的审美和偏好，以及文化和社会背景，遵循品牌的视觉识别系统建设要求，保持品牌一致性。

4. 媒体监测与媒体渠道选择

媒体监测是一个全面的数据收集和分析过程，它利用先进技术和工具来监控品牌的在线表现与用户互动。这个过程不仅关注用户的行为和反馈，还能够分析市场趋势、竞争对手活动和行业动态。媒体监测的目标是为营销决策提供深入的洞察和实时数据支持，能够帮助品牌更好地理解目标受众，并优化营销策略。

媒体渠道选择是数字营销策划中的一个关键环节，它涉及决定对哪些数字媒体平台和渠道进行组合，以适合品牌的营销目标和受众。这个过程需要考虑多个因素，包括目标受众的媒体使用习惯、品牌信息的性质、预期的营销效果和预算限制等。选择合适的媒体渠道可以确保信息有效传播，同时也可以提高投资回报率。常见的数字媒体渠道参见表 7–1。

表 7–1　常见的数字媒体渠道

常见的数字媒体渠道	功能侧重
搜索引擎	SEO 和 SEM 广告投放
社交媒体	适合品牌建设和用户互动
电商平台	直接面向消费者进行销售
新闻资讯平台	用于发布公关稿和品牌新闻
视频网站	适用于长视频和短视频内容营销

续表

常见的数字媒体渠道	功能侧重
直播平台	适用于实时互动和产品展示
游戏	通过游戏内置广告和品牌合作，触达年轻玩家群体
数字户外媒体	覆盖户外活动人群

5. 编制数字营销预算

数字营销预算决定了企业在数字营销活动上投入多少资源。在编制预算时，需要考虑以下内容：

（1）考虑行业性质、公司战略目标和市场环境，明确市场定位和营销目标，这将直接影响预算的规模和分配。

（2）利用历史营销数据来分析不同营销活动和渠道的投入产出比（Return on Investment，ROI），为预算分配提供依据。

（3）考虑如何在广告、社交媒体、内容营销、公关活动、事件体验等不同传播渠道上分配预算，实现多渠道整合营销。

（4）预算中应包含对营销技术的投资，如营销自动化工具、数据分析平台等，以提高营销效率和效果。

（5）为尝试新的营销渠道和方法预留预算，如新兴社交媒体平台、AR/VR体验等。

（6）在预算编制中考虑潜在的市场风险和不确定性，为应对这些风险预留一定的资金。

6. 数字营销效果评估

数字营销效果评估指企业的数字营销活动所带来的结果。它不仅可以帮助企业了解营销活动的实际效果，还可以为未来的营销策略提供宝贵的数据支持。

广义的数字营销效果评估是传播过程中所引起的直接或间接变化的总和，它包括数字营销活动带来的经济效益、心理效益和社会效益，相关指标参见表7–2至表7–4。狭义的数字营销效果评估，是指数字营销活动所获得经济效益、传播效果和转化效果，相关指标参见表7–5、表7–6。

表 7-2　数字营销效果评估指标之经济效益指标

序号	评估指标	具体含义
1	销售收入	营销活动直接带来的销售增长
2	投资回报率（ROI）	营销活动的净收益与成本的比例
3	每次获客成本（cost per action，CPA）	衡量获取一个新客户的成本
4	每次潜在客户成本（cost per lead，CPL）	衡量获取一个潜在客户信息的成本
5	客户终身价值（life-time value，LTV）	估算一个客户在整个生命周期内能为企业带来的收入总额

表 7-3　数字营销效果评估指标之心理效益指标

序号	评估指标	具体含义
1	品牌认知度	消费者对品牌的知晓程度
2	品牌好感度	消费者对品牌正面的情感和态度
3	用户满意度	用户对产品或服务的满意程度

表 7-4　数字营销效果评估指标之社会效益指标

序号	评估指标	具体含义
1	社会影响力	评估营销活动对社会的积极影响，如支持环保的倡议
2	用户参与度	衡量用户在社交媒体上的互动程度，如评论、分享等
3	媒体曝光度	营销活动在传统和新媒体上的曝光程度
4	口碑传播（Word of Mouth，WOM）	用户之间关于品牌或产品的正面口碑传播

表 7-5　数字营销效果评估指标之传播效果指标

序号	评估指标	具体含义
1	曝光量	营销内容被展示的次数
2	点击量	用户点击营销内容（如广告、链接等）的次数

续表

序号	评估指标	具体含义
3	点击率（Click-through Rate，CTR）	衡量点击链接或广告的用户比例
4	触达人数	衡量广告或内容被多少人看到
5	平均停留时间	用户在网站或页面上的平均停留时间
6	浏览量（Page View，PV）	网站或网页内容被访问的次数
7	独立访客数（Unique Visitor，UV）	一定时间内访问网站的不重复的个体用户数量
8	跳出率	只浏览了一个页面就离开网站的访问次数占总访问次数的比例
9	互动率	包括点赞、评论、分享等社交互动的比例
10	转发 / 分享率	衡量内容被转发或分享的比例
11	品牌声量	品牌特定时间内被讨论的总数

表 7–6　数字营销效果评估指标之转化效果指标

序号	评估指标	具体含义
1	转化率	完成一项期望行动的用户所占的比例，如注册、购买等
2	新用户增长率	营销活动期间新增用户数量的增长率
3	复购率	衡量购买过一次的用户再次购买的比例
4	平均订单价值（Average Order Value，AOV）	每个订单的平均价值，评估营销活动对提高客单价的效果

以上指标需要企业根据具体的数字营销活动灵活选择。在实践中，只有结合定量和定性指标，才能全面评估营销活动的效果。此外，可以考虑评估营销活动对品牌长期价值的影响，例如，品牌忠诚度和市场份额的长期变化。

7. 动态维护与提升

数字营销环境具有复杂性、多变性和高度竞争性，因此需要不断地监测和调整策略以保持竞争力。

在数字营销策划步骤中，市场分析及消费者洞察是基础，动态维护与提升是全程行为，中间的 5 个步骤是核心关键流程。但并非完全按照时间顺序依次展开，会根据现实情况灵活调整，如媒介监测，也可能贯穿数字营销活动的始终。

7.3 内容营销策划

内容营销不仅是数字营销活动中普遍采用的方式，而且因为其在建立品牌影响力和吸引、保留目标受众方面的独特价值，也是最受欢迎和最具影响力的手段之一。与传统广告“推”式思维不同，内容营销侧重挖掘和生产受众真正感兴趣、有共鸣的内容，让用户主动分享和传播。

7.3.1 内容营销的特点

内容营销并不是一个新兴概念，它的历史可以追溯到 19 世纪末，企业和品牌在当时已开始通过发行出版物和撰写对消费者有帮助的内容，与之建立联系。内容营销具有呈现方式不断更迭、创作者更加多元化、受数字技术的驱动三个特点。

1. 呈现方式不断更迭

内容营销从 19 世纪末的纸质出版物起步，经历了 20 世纪的电视媒体时代，进而发展到现代的数字时代。如今，移动应用程序以及社交平台等使得内容创作和分发更加多元化和即时化，满足了不同受众的消费习惯和偏好。

2. 创作者更加多元化

在传统广告营销中，曾经企业是唯一的信息创作者和发布者，专注于提供与产品相关的、高质量的、教育性内容。在数字时代，消费者已从被动接受者转变为积极参与者，他们撰写文字评论、制作短视频或参与直播分享，主动参与内容的创作与传播，极大地扩展了内容营销的边界和影响力。

3. 受数字技术的驱动

数字技术的进步，极大地丰富了内容营销的形式和功能，使得内容创作、定制化和个性化成为可能。利用大数据和分析工具，内容营销策略可以更加精准地定位目标受众，实现更有效的用户参与并提高转化率。人工智能的应用在内容推荐、个性化体验以及自动化营销流程中，发挥着越来越重要的作用，提高了内容营销的效率和效果。

7.3.2 内容营销的类型

1. 基于消费者需求的内容类型划分

（1）娱乐导向型内容营销。通过创造有趣、轻松的内容，吸引受众的注意力，提高品牌吸引力和用户黏性。幽默和自黑是常用的创作技巧。在社交媒体中，这类内容还容易引发讨论和转发，进而提升品牌曝光。例如，深圳市卫健委发布的短剧《穿越到“霸总”剧里当“怨种”医生》，以轻松幽默的手法融入医学知识，通过一系列反转剧情吸引了大量观众的关注，成功提高了公众对健康知识的兴趣和普及度。

（2）教育导向型内容营销。侧重于提供知识性、指导性内容，旨在教育受众并建立品牌作为行业权威的形象。例如，大疆在其官方网站上发布了一系列无人机操作技巧的视频教程，帮助用户更好地掌握飞行技巧，强化了大疆作为无人机技术领导者的地位。

（3）实用导向型内容营销。侧重提供具体的操作指南、产品评测和解决方案，帮助消费者解决实际问题，提升品牌的实用性和可靠性。例如，宜家家居推出了一系列家居改造教程，通过详细的步骤说明和视频演示，帮助消费者实现家居空间的优化。

2. 基于内容营销展示方式的类型划分

（1）对话型内容营销。通过内容策划，与用户建立平等交流的氛围，拉近企业和用户的心理距离，开启亲密朋友般的沟通。拟人化的表达和使用方言都是常见的创作技巧。例如，蜜雪冰城通过其标志性人物“雪王”的形象，发布了一系列结合方言的创意短视频。视频中，雪王以轻松幽默的方式与消费者进行互动，使用方言和俏皮的语言，营造出一种亲切友好的氛围，增加了用户亲近感和品牌好感度。

（2）故事型内容营销。企业以讲故事的形式来建立消费者对品牌形象的认知和记忆。一个好的故事，往往具有情感的共鸣性、引人入胜的情节、企业的价值观，且容易理解和传播。例如，淘宝在春节期间推出了“家乡宝贝请上车”的短视频，讲述了人们带着家乡的特产和记忆，踏上返程之旅。这些故事强调了家的温暖和游子对故乡的思念，同时展示了淘宝如何成为连接人与家乡情感的桥梁。通过触动人心的故事，很好地加强了消费者对其平台的情感认同和品牌忠诚度。

（3）用户生成型内容营销。用户生成内容（User Generate Content,UGC）是指用户在社交媒体平台自愿发布的、提及企业品牌或相关主题的内容。在实际工作中，企业可以引导用户生成内容实现其内容营销的目标。例如，可口可乐发起了一项名为“超想当可口可乐代言人”的活动。通过一个 AI 互动小程序，用户可以上传自己的照片生成个人代言海报，并通过分享海报提升个人影响力。排名前十位的用户，还有机会获得一年免费的无糖可口可乐。这项活动鼓励用户生成内容并通过社交媒体分享，使用户成为品牌故事的一部分，增强了品牌与用户的互动和参与的程度。

7.3.3 内容营销的策划要点

内容营销策划，可以参考数字营销策划 7M 模型的步骤来进行。若从策划一个独立的内容营销活动的角度出发，在执行层面，也可以参照图 7–1 的步骤来完成。

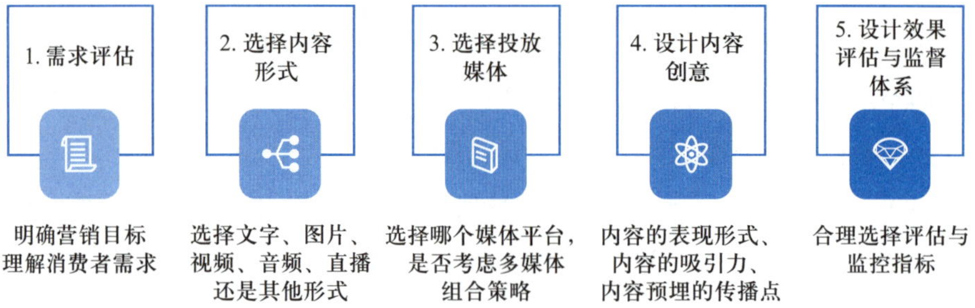

图 7–1 内容营销策划的执行流程

内容营销若想达到“品效合一”的良好效果，在策划时还需要注意以下三点：

1. 将内容营销融入营销全链路

根据消费者的购买过程，可以将营销链路拆解为两个阶段：一是前链种草，重点在于引发消费者的兴趣和好奇心，为消费者提供足够的信息支持，帮助他们了解产品或服务的独特价值。二是后链拔草，将消费者的兴趣转化为购买行为，并通过良好的用户体验促进复购。

全链路内容营销策划参见图 7–2。在设计时，要特别注意整体活动节奏的安排和各阶段的侧重点。

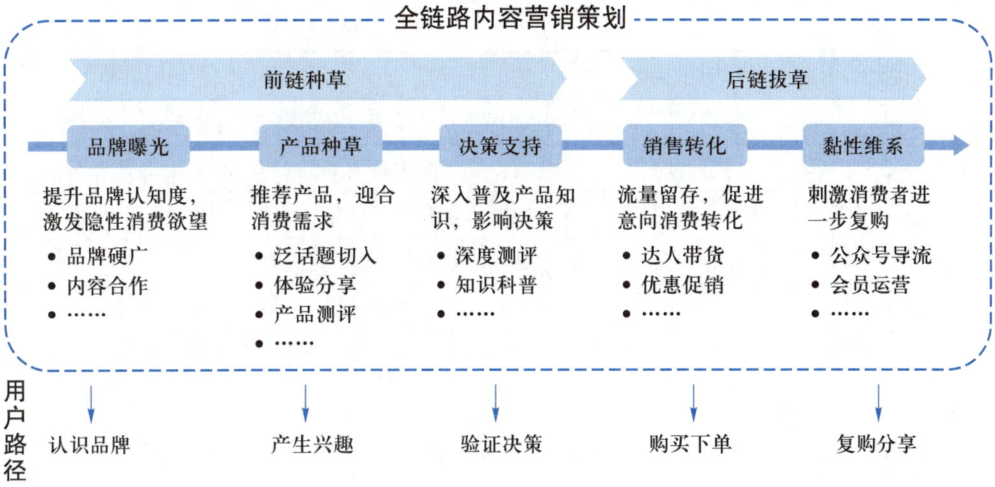

图 7-2　全链路内容营销策划

（1）品牌曝光：旨在提升品牌认知度，可以利用多渠道投放内容，并通过事件营销、热点营销等制造话题，提升品牌曝光度。

（2）产品种草：根据消费者的需求投放推荐产品，推动关键意见领袖（KOL）和关键意见消费者（KOC）分享真实使用感受、测评体验，促使粉丝产生浓厚兴趣。

（3）决策支持：投放理性内容，如产品深度测评、知识科普，打消消费者的顾虑，坚定其购买信心。

（4）销售转化：提供优惠条件，优化购买路径，确保用户随时可下单购买。

（5）黏性维系：引导复购，可以通过社群运营、粉丝专属活动提高用户的忠诚度。

2. 重视内容设计的亮点

（1）引人入胜的标题。一个吸引人的标题能够迅速抓住受众的注意力，激发他们的好奇心。在数字营销时代，标题的吸引力对文章点击率有着至关重要的影响。这意味着即使内容质量很高，但如果标题不够吸引人，也很少有人会点击阅读。常用的标题创作技巧及举例参见表 7-7。

表 7-7　标题创作技巧及举例

序号	标题创作技巧	举例
1	行动简单	5 个简单步骤，让你的肌肤焕发生机
2	激发好奇	揭秘：这款智能手表背后的秘密功能
3	使用数字	10 个提高工作效率的小贴士

续表

序号	标题创作技巧	举例
4	利用紧迫	限时优惠：今天下单享受额外折扣
5	提出问题	你是如何高效管理时间的？使用 ×× 提升效率
6	使用情感词汇	让每一天都充满正能量：5 个实用建议
7	结合热点或趋势	2025 年最流行的 5 种健身趋势
8	个性化	专属你的：5 个提升个人品牌的秘诀
9	利用对比	从新手到高手：5 个快速提升摄影技巧的方法

（2）富有创意的文案。无论是文字、图片，还是视频形式，都离不开有创意的文案表达。文案创作应注重体现原创性和引发目标受众的共鸣，运用情感化和故事化手法激发其兴趣。此外，文案还应根据不同平台调整风格，以确保信息的有效传递。

（3）高质量的视觉元素融入。图片、图表和视频都能够增强内容的吸引力和表现力。新技术的发展也不断推动内容创意的涌现。如品牌利用人工智能技术和创意结合生成宣传海报和视频，利用虚拟现实技术实现在线试妆，利用元宇宙开启消费者在未来世界的畅游、交友和购物等。

3. 切勿触及内容营销的雷区

营销内容创作者在设计营销内容时，要遵守国家法律法规和平台规则，这些都是开展内容营销的最基本要求。如果因一心要流量而忽视这些要求，可能会给企业带来极其负面甚至不可挽回的后果。

【商道明灯】

内容营销中的法律红线

在数字营销活动中，内容营销已成为企业推广产品、塑造品牌形象的重要手段。然而，在追求创意与传播效果的过程中，企业必须时刻警惕法律红线，规避法律风险。

虚假宣传是内容营销中常见的问题。一些企业为了吸引消费者眼球，夸大产品功效、虚构使用体验。例如，某减肥产品宣称使用一周可瘦十斤，但并无科学依据支撑。这种行为违反了《中华人民共和国广告法》，误导消费者做出错误购买决策，该产品相关企业面临罚款等行政处罚。

侵犯知识产权同样不可忽视。企业在创作营销内容时，若未经授权使用他人的图片、音乐、文案等素材，就侵犯了原作者的版权。例如，某服装品牌在宣传海报中擅自使用知名摄影师拍摄的照片，即便并非用于商业盈利，也构成侵权，需承担停止侵权、赔偿损失等法律责任。

消费者隐私保护也是关键。企业通过营销活动收集消费者个人信息时，必须遵循合法、正当、必要原则，明确告知收集目的、方式和范围，并获得消费者同意。部分企业私自将收集的消费者信息出售给第三方用于精准营销，严重侵犯了消费者隐私权，违反了《中华人民共和国个人信息保护法》。

此外，在直播等新兴内容营销形式中，主播的言行规范也受法律约束。主播不得发表侮辱、诽谤他人的言论，不能销售假冒伪劣商品，否则将面临民事侵权指控甚至刑事处罚。

企业在内容营销中，务必树立法律意识，建立严格的内容审核机制，确保营销内容从创意构思到发布传播的每一个环节都合法合规，在法律框架内实现营销目标，维护企业的可持续发展。

问题： 企业应如何构建系统化的内容营销法律风险防控机制？

分析提示： 企业应从制度、流程、技术、文化等维度进行规范，构建有效防控机制，合法合规地创作营销内容。

7.4 社交媒体营销策划

社交媒体营销策划是一种重要的数字营销手段，在数字营销策划中占据着举足轻重的地位。目前，中国社交媒体庞大的用户基数为品牌提供了前所未有的机会，企业可通过社交媒体营销与目标受众建立联系、提高品牌知名度并促进业务增长。

7.4.1 了解社交媒体

社交媒体是一种基于互联网的交流和互动平台，它允许个体和组织创建、分享、讨论信息。这些平台以用户生成的内容为核心，强调实时性、互动性和连通性，支持文本、图片、音频和视频等多种媒介形式。

社交媒体是一个不断发展和演变的概念，随着技术的发展，社交媒体大致经历了如图 7–3 所示的演进时代过程。

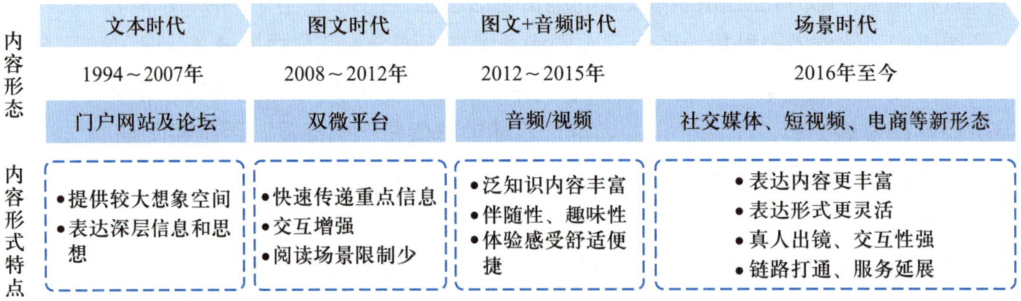

图 7–3 社交媒体的演进时代过程

7.4.2 认识社交媒体营销

社交媒体营销是指企业或个人利用社交媒体平台的特性，通过创造和分享内容来吸引、参与和建立与目标受众的关系，进而提升品牌知名度、用户忠诚度并实现最终的商业目标的一种营销方式。

社交媒体营销与内容营销虽在某些方面有所重叠，但两者也有着不同的侧重点，其区别参见表 7–8。在实际工作中，社交媒体营销和内容营销往往是相辅相成的。高质量的内容营销可以为社交媒体营销提供素材，而社交媒体营销则可以扩大内容的传播力和影响力。

表 7–8 社交媒体营销与内容营销的区别

项目	社交媒体营销	内容营销
目标	侧重即时互动和品牌推广	侧重长期的品牌建设和发展
策略实施	更需要关注社交媒体特有的功能和用户行为	更需要关注内容的质量和传播策略
分发渠道	侧重于社交媒体平台	不限于社交媒体平台，还可以是网站、电子邮件等渠道

在数字时代，社交媒体营销环境日新月异，社交媒体营销领域也呈现出一些新的趋势。

1. 视频内容持续增长

视频在社交媒体上的受欢迎程度持续高涨，短视频平台已成为吸引年轻受众的关键渠道。企业可以利用视频展示商品、讲述品牌故事、提供教育内容等，以吸引用户注意力并增加互动。

2. 社交媒体电商化

社交媒体平台与电商功能结合，为用户提供了无缝购物体验。例如，通过微信小程序或小红书的内置购买功能，可以实现即时购买，缩短用户从发现到购买的路径。直播购物也成为一种流行的销售方式。例如，某运动服品牌在抖音上利用直播功能展示产品，提供实时互动和购物体验，有效地提升了销售额。

3. 个性化智能推荐升级

利用机器学习算法，社交平台能够更精准地分析用户行为和偏好，为用户推荐个性化内容。这不仅提升了用户体验，也为品牌提供了更精准的目标受众定位，如小红书的“智能推荐”功能。

4. 跨平台整合营销

企业在多个社交媒体平台上进行整合营销，以扩大品牌影响力和覆盖范围。例如，先通过在微博上建立话题，再引流到微信上，进一步深化用户关系，实现不同平台间的流量互导。

5. 虚拟偶像和元宇宙营销兴起

随着虚拟技术的发展，虚拟偶像和虚拟沉浸体验成为新兴的营销方式。品牌可以创建虚拟形象作为代言人，也可以提供虚拟试穿、试用等体验，吸引年轻受众。

【策划解码】

驶向元宇宙的“敢闯公园”

背景与情境：小鹏汽车打造了元宇宙品牌体验中心——“小鹏 · 敢闯公园”。该体验中心通过赛博风格场景设计，用户可以在此“元宇宙试驾”小鹏 P7，体验山川峡谷的无限风光。内场景则设计为充满科技感的“小鹏展厅”，通过悬浮屏幕播放品牌及车型信息。此外，通过设置游戏兑换装置，用户完成特定任务后可获得“鹏豆”，累积一定数量即可兑换数字藏品等奖励。

这项创新的营销活动既加深了用户对小鹏汽车品牌的认知，也提升了用户参与度和品牌忠诚度。

问题：小鹏汽车如何通过元宇宙体验中心满足消费者的个性化需求，并与客户建立深层次联系？

分析提示：元宇宙营销在设计时需要给予用户沉浸式体验，注重激励和分享机制的设计，同时还要考虑线上线下融合，创造全景生态体验。

7.4.3 社交媒体营销的类型

基于不同社交平台的功能特征，可以将社交媒体营销划分为以下四种类型：

1. 社交广场营销

社交广场营销以微博等社交媒体为代表，以制造热点为特征，通过代言人营销、话题营销、事件营销等形式，向用户传递产品或服务信息，实现品牌营销效果。例如，比亚迪通过其“500万辆新能源汽车下线”的重要里程碑，在微博上巧妙设计并推出了多个话题，如“#哪一瞬间让你为中国汽车自豪#”和“#比亚迪发布会#”，成功地将企业成就转化为全民情感共振。这些话题不仅在社交媒体上引发了热烈讨论，还吸引了超过1 100个“大V”和400多家媒体参与内容共建，实现了话题的快速传播和高度参与。

2. 即时通信营销

即时通信营销利用微信、QQ等社交媒体平台为营销媒介，通过高频互动促进客户关系的建立。例如，企业通过微信公众号、小程序等多种形式传递品牌信息，精准地触达潜在客户。利用微信朋友圈广告，品牌可以定向推广，提高转化率。此外，品牌还可以通过微信群与用户建立更紧密的联系，开展社群营销活动，增强用户黏性和忠诚度。

3. 内容社区营销

内容社区以图文内容分享社区和视频内容分享社区为营销媒介，以用户内容分享和知识共创为特征，实现品牌与用户之间的深度互动和价值共鸣。例如，某母婴品牌在小红书上通过发布高质量的育儿内容和产品评测，与KOL

合作推广，以及鼓励用户分享使用体验等方式，成功吸引了大量年轻父母的关注，迅速提升了品牌知名度，增强了用户黏性。

4. 虚拟世界社交营销

虚拟世界社交营销侧重于为顾客创建虚拟体验，全面真实地展示产品、服务及使用过程。它以 AR、VR、Web4.0 等数字化技术为支撑，以虚拟社交网络、虚拟游戏平台为媒介展开营销活动。例如，纯甄联合 QQ 小窝创建了元宇宙虚拟世界“纯甄解馋公社”，用户可通过虚拟形象参与游戏任务、制作虚拟酸奶，并在现实世界中体验快闪店活动，成功吸引年轻 Z 世代消费者的青睐。

7.4.4 社交媒体营销的策划要点

随着社交媒体的普及和用户行为的多样化，品牌必须在策划社交媒体营销时更加细致和专业，以确保营销活动的有效性和针对性。

1. 深入洞察目标用户

深入洞察目标顾客群体，把握核心用户的显性特征与隐性特征，对于制定有效的社交媒体营销策略至关重要。显性特征是指那些外在且较容易获取的信息，如性别、年龄、职业等人口属性，购买力等消费特征，以及使用时长、使用偏好等行为特征。而隐性特征则是指那些需要与顾客深入接触和互动后才能了解发现的信息，如性格、态度、价值观、兴趣爱好、情感需求等心理特征。例如，蔚来汽车在营销中深入理解用户对电动汽车生活方式的向往和对环保价值的认同（隐性特征）；通过建立 NIO 线上社区，组织用户参与如 NIO Day（蔚来日）等活动和体验 NIO Life（蔚来生活方式品牌），成功地将用户转化为品牌的忠实粉丝和传播者，满足了他们归属认同的消费需求。

2. 根据用户特点，选择适合的社交平台

首先，需要了解每个社交平台的用户特征、核心特色功能和典型的营销玩法。其次，需要匹配目标用户，选择与之相匹配的社交媒体平台进行营销。表 7–9 对国内主流的社交媒体平台进行了归纳介绍。例如，当企业所处的行业为育儿、家居、美妆等领域，可以优先选择小红书；当企业经营业务为游戏动漫、电子科技时，可以优先选择 B 站。

表 7-9　国内主流社交媒体平台介绍

平台	标签	用户特征	典型营销策略
微博	社交广场热点策源地	男女较均衡，年轻用户多，城市分布较均衡，更关注时事热点	热点话题营销、代言、事件营销、直播互动
微信	社交连接器	海量用户基数，中年以上用户较多，注重社交互动	公众号内容营销、小程序应用、朋友圈广告
抖音	优质短视频内容社区	男女较均衡，以 25~34 岁为主，一二线城市用户居多，日活用户基数大，用户黏性高	短视频挑战赛、品牌账号运营、KOL 合作推广
快手	“老铁”社交	男性多于女性，以 25~34 岁为主，集中在三四线及以下城市，正在向一二线城市发展，粉丝忠诚度高	用户生成内容、直播带货、本地化营销
小红书	年轻人的种草社区	女性用户显著，用户集中于 18—34 岁，一二线城市占比多，消费力较强	爆款笔记分享、KOL 种草推广、品牌官方账号互动
B 站	二次元和泛娱乐社区	男性多于女性，以“Z 世代”为主，“宅一族”数量居多，一二线城市占比较高，具有一定消费能力，用户较为沉浸	UP 主合作、创意视频制作、弹幕互动
知乎	知识型社区	男性多于女性，以 18~30 岁为主，高学历、高收入、高消费人群居多，用户关注数码产品、教育、培训等专业知识领域	问答营销、专家入驻、知识付费课程

3. 注意把握活动策划的时间节奏

在社交媒体营销中，策划活动时需精准把握时间节奏，以实现最大化的用户参与和品牌曝光。活动应围绕关键时间节点如节假日、品牌纪念日或行业事件进行策划，利用这些时机激发用户兴趣。

活动设计应包括预热期吸引用户注意、埋点期设置互动机制、引爆期创造话题高潮、破圈期扩大影响力、收割期促进转化和发酵期巩固效果等阶段。每个阶段都应有明确的目标和策略，以确保活动连贯性并持续吸引用户参与。

以某品牌中秋节社交媒体营销为例，具体的营销节奏安排设计参见表 7-10。

表 7-10 某品牌中秋节社交媒体营销节奏安排

营销阶段	营销动作
预热期	通过发布主题海报和预告视频，吸引用户关注并建立期待感
埋点期	在社交媒体上设置互动话题和任务，如中秋节的“晒晒你的中秋美妆”，以提高用户参与度
引爆期	利用 KOL/KOC 联名推荐，结合限时折扣活动，迅速提升活动的热度和消费者的购买意愿
破圈期	通过跨平台推广和鼓励用户生成内容，扩大活动的影响力，吸引更广泛的受众
收割期	发放定制化优惠券和专属礼包，直接促进销售转化
发酵期	节后通过用户反馈收集和活动回顾，巩固品牌形象并维持讨论的持续性

4. 不能片面追求社交媒体声量

在社交媒体营销中，声量指标如点赞数、评论数和转发数虽然能够提供营销活动初步的用户参与度反馈，但它们并不总能全面反映活动的实际成效。当前，流量注水、僵尸粉和选择不当的代言人等问题频发，这些都可能导致声量指标虚高，从而掩盖了营销活动的真实效果。因此，品牌需要深挖表面的互动数据，深入分析活动对业务的实际贡献，如品牌认知度的提升、用户忠诚度的增强和销售额的实质性增长等。

学习训练

▲ 单选题

1. 数字营销的显著特点不包括（　　）。

A. 互动性　　B. 个性化

C. 精准性　　D. 不可测量性

2. 数字营销的常见形式不包括（　　）。

A. 内容营销　　B. 人员推销

C. 大数据营销　　D. 社交媒体营销

3. 4R 数字营销战略模型中，实现交易与回报的环节是（　　）。

A. Recognize　　B. Reach

C. Relationship　　D. Return

4. 数字营销的可测量性意味着（　　）。

A. 无法追踪营销活动的效果

B. 可以通过各种工具来监控和分析营销活动的性能

C. 营销活动的效果完全取决于直觉

D. 所有的营销活动都不需要评估

5. 数字营销中的精准性指的是（　　）。

A. 通过广泛传播提高品牌知名度

B. 通过收集和分析数据来精确识别潜在客户

C. 通过单一渠道进行营销活动

D. 通过降低成本提高利润率

▲ 多选题

1. 数字营销策划的原则包括（　　　）。

A. 利益相关者导向

B. 动态协同整合导向

C. 技术与创意相结合原则

D. 经济性与道德性相结合原则

2. 内容营销的类型可以按照（　　　）等维度来划分。

A. 基于消费者需求的内容类型

B. 基于内容营销展示方式的类型

C. 基于产品价格的内容类型

D. 基于地理位置的内容类型

3. 内容营销策划的执行流程包括（　　）。

A. 需求评估　　B. 选择内容形式

C. 选择投放媒体　　D. 设计效果评估与监控体系

4. 内容营销设计中应避免的行为包括（　　）。

A. 侵犯他人商标权　　B. 虚假宣传

C. 收集和使用用户数据不合规　　D. 忽视未成年人个人信息保护

5. 社交媒体营销的新趋势包括（　　）。

A. 视频内容的持续增长　　B. 社交媒体平台的电商化

C. 个性化智能推荐系统的升级　　D. 社交媒体用户数量的减少

▲ 判断题

1. 数字营销仅指通过互联网进行的营销活动。（　　）
2. AIGC 技术在数字营销领域的应用可以提高内容产出速度。（　　）
3. 数字营销依赖于不断发展的技术进步，如人工智能和自动化工具。（　　）
4. 在数字营销策划中，技术驱动是次要的，创意和内容的质量才是决定营销成功的关键因素。（　　）
5. 社交媒体营销只关注于即时互动和品牌推广，而不需要关注内容的质量和传播策略。（　　）

▲ 案例分析题

“智慧金融，触手可及”：招商银行的数字化营销策略

背景与情境：招商银行作为金融行业的先行者，通过一系列创新的数字营销策略，成功地推广了其数字化金融服务。针对年轻用户群体，招商银行开发了一款名为“掌上生活”的移动应用程序，为用户提供一站式的金融生活服务，包括在线理财、信用卡服务和生活缴费等。在社交媒体上，招商银行通过发布金融知识教育内容和互动问答，提高了用户的金融素养，在短视频平台通过创意营销，用生动有趣的视频阐述金融产品的特点和优势，降低了消费者对金融服务理解的门槛。

通过这些策略，招商银行不仅提高了金融服务的可访问性和便利性，还提升了用户对品牌的认知度和信任度。

问题：

（1）请分析，招商银行如何结合社交媒体和移动应用，提高金融服务的可访问性和个性化体验?

（2）以招商银行“掌上生活”App新春整合营销活动推广为主题，设计一个适合当前市场环境的数字营销策划方案。

分析提示：

同项目一本题型的分析提示。

▲ 策划演练

数字营销策划方案——打造健康食品品牌

随着消费者对健康日益增长的关注，健康食品市场正经历快速增长。企业需要制定一套有效的数字营销策略，更好地触达目标消费者群体，提升品牌知名度，并最终推动销售增长。

实训目标：

（1）帮助学生理解和掌握数字营销策划的原则和程序。

（2）使学生能够识别并应用适合健康食品品牌的数字营销策略。

（3）强化学生对数字营销各个环节的理解和实战执行能力。

实训要求：

（1）理解并运用数字营销策划7M模型的关键内容，并选择适合健康食品品牌的数字营销策划手段和方法。

（2）独立进行市场调研，收集和分析消费者数据，形成消费者画像。

（3）设计符合品牌定位和目标受众需求的数字营销传播策略，包括内容创意、渠道选择和传播主题。

（4）教师需要提供一个完整规范的数字营销策划案例，供学生参考和学习。

（5）教师对学生提交的“健康食品品牌数字营销策划方案”进行指导、评价，确保方案的质量和准确性。

实训步骤：

（1）开展市场调研与消费者洞察，收集健康食品行业的数据、竞争环境、目标市场的特征，消费者行为、偏好、需求和购买旅程。利用社交媒体和其他在线平台的数据进行消费者画像分析。

（2）确定数字营销传播目标，基于市场调研结果，明确营销活动的具体目标（沟通目标和销售目标）和预期效果。

（3）制定信息传播策略与设计内容营销，包括确定传播内容和创意表现手法，选择合适的传播媒介。

（4）监测媒体与选择渠道，监测不同数字媒体的表现，选择适合品牌的媒体渠道。

（5）编制数字营销预算，根据营销目标和策略，合理分配预算资源。

（6）评估数字营销效果，设计评估指标体系，包括经济效益指标、传播效果指标、转化效果指标等。

（7）动态维护与提升，制订持续优化和调整的具体计划。

组织形式：

以班级学习小组为单位，每小组完成一份“健康食品品牌数字营销策划方案”。

考核要点：

（1）市场调研和消费者洞察的深度。调研数据的准确性和消费者画像的细致程度。

（2）数字营销传播目标的明确性。目标是否具体、可衡量，并与品牌战略相符。

（3）信息传播策略的创新性。策略是否具有创意，能否有效吸引目标受众。

（4）媒体监测和渠道选择的合理性。渠道选择是否符合目标受众的媒体使用习惯。

（5）预算编制的合理性。预算分配是否科学，能否支持营销策略的实施。

（6）策划方案的规范性和可行性。方案是否结构清晰、内容完整、逻辑性强，并具有实际操作性。

（7）效果评估和动态维护的能力。学生是否能够根据评估结果及时调整和优化策划方案。

参考文献

[1] 科特勒，凯勒，切尔内夫．营销管理[M].16版.陆雄文，蒋青云，赵伟韬，等，译.北京：中信出版社，2022.

[2] 里斯，特劳特．定位：争夺用户心智的战争[M]．邓德隆，火华强，译.北京：机械工业出版社，2021.

[3] 吴健安，聂元昆.市场营销学[M]．7版．北京：高等教育出版社，2022.

[4] 杨勇.市场营销：理论、案例与实训[M]．5版．北京：中国人民大学出版社，2023.

[5] 尹一丁.市场营销二十讲[M]．北京：清华大学出版社，2023.

[6] 章金萍．市场营销实务[M]．5版．北京：中国人民大学出版社，2021.

[7] 李丽娜，隋东旭．新媒体营销与运营[M]．北京：清华大学出版社，2023.

[8] 程宇宁．整合营销传播：品牌传播的策划、创意与管理[M]．3版．北京：中国人民大学出版社，2022.

[9] 曹虎，王赛，乔林，考夫曼.数字时代的营销战略[M]．北京：机械工业出版社，2017.

[10] 查菲，埃利斯－查德威克.数字营销：战略、实施与实践[M]．王峰，韩晓敏，译.北京：清华大学出版社，2022.

[11] 周茂骏.数字营销概论[M]．北京：科学出版社，2023.

[12] 徐同谦.数字营销策划与创意[M]．北京：科学出版社，2024.

[13] 王永贵，项典典.数字营销——新时代市场营销学[M]．北京：高等教育出版社，2024.

[14] 韩红梅，王佳.数字营销基础与实务[M]．北京：人民邮电出版社，2023.

[15] 高汀.紫牛[M]．施诺，译.北京：中信出版社，2004.

[16] 特劳特.重新定位[M]．邓德隆，火华强，译.北京：机械工业出版社，2017.

[17] 叶龙.AI写作：爆款文案从入门到精通[M]．北京：清华大学出版社，2024.

[18] 洪磊，李静．AIGC广告营销新引擎[M]．北京：机械工业出版社，2023.

[19] 窦文宇.内容营销：数字营销新时代[M]．北京：北京大学出版社，2020.

[20] 栗建.元宇宙营销：认知、方法与实践[M]．北京：机械工业出版社，2022.

[21] 科特勒，卡塔加雅.营销革命4.0：从传统到数字[M]．北京：机械工业出版社，2023.

[22] 霍林德，希勒.AI营销：从多渠道到全渠道[M]．北京：中国科学技术出版社，2024.

[23] 周华军. 全链路营销——高效全营销渠道管理 [M]. 北京：化学工业出版社，2022.

[24] 李婷. 品牌营销 100 讲：基础强化与认知颠覆 [M]. 北京：机械工业出版社，2019.

[25] 胡正荣，黄楚新. 新媒体蓝皮书：中国新媒体发展报告 No.15 (2024) [M]. 北京：社会科学文献出版社，2024.

[26] 连漪，梁健爱. 营销策划：原理与实务 (数字教材版) [M]. 北京：中国人民大学出版社，2021.

[27] 汪秀英. 企业形象策划 [M]. 上海：上海财经大学出版社，2021.

[28] 周宏敏，高捷闻. 市场调研实务 [M]. 北京：中国人民大学出版社，2020.

主编简介

王丽丽，河南经贸职业学院教授，首批国家级职业教育电子商务教师教学创新团队负责人，河南省高等学校教学名师，河南省优秀教师，河南省教育厅学术技术带头人，河南省商务厅电子商务专业咨询委员会专家委员，河南省职业院校电子商务专业“双师型”名师工作室主持人，郑州市职业教育校企合作电子商务指导委员会副秘书长。

主编教材10余部，其中，“十四五”职业教育国家规划教材3部；主持国家级、省厅级课题10余项；荣获河南省高等教育教学成果一等奖2项，河南省首届教材建设奖（职业教育与继续教育类）一等奖1项。主持河南省高等学校精品在线开放课程1门。